Carta a mi hijo

Historia después de un pensamiento

Minerva López

Carta a mi hijo; Historia después de un pensamiento
Copyright © 2023
Segunda edición por Ere Institute
ereinstitute@gmail.com
www.eregonzales.com
Minerva López
ISBN: 9781734165579
Edición y Maquetación: Erendida Gonzales Rueda
ereinstitute@gmail.com

Índice

Dedicatoria

A mi hijo…

Todo comienza con la sospecha, y es cuando decido visitar al doctor; efectivamente, me confirma: la cigüeña la visitará como para mediados de enero.

Una gran alegría invade mi corazón y todo mi ser. Toda historia valiosa merece contarse dos veces; una cuando sucede, y la otra, cuando se recuerda.

Así que hoy, recordaremos nuestra historia.

Prólogo

Nadie pone en duda el amor incondicional que toda madre siente por sus hijos; sin embargo, ese amor puede tomar muchas formas. No todo lo que creemos es amor; como madres, muchas veces cometemos errores, pues sin darnos cuenta, vamos repitiendo los patrones con los que fuimos educadas y tratadas cuando niñas. Mi intención es contribuir a tomar conciencia de esta realidad, para que no repitamos las historias que nos limitaron o nos causaron sufrimiento.

Las mujeres de nuestra vida, madres, abuelas y más, hicieron lo mejor que pudieron con lo que tenían a la mano para guiarnos; tal vez nos lastimaron sin querer precisamente, porque ellas también fueron víctimas de otras víctimas, y así hasta el infinito. La idea no es dañar, juzgar o seguir lastimando a ninguno de nuestros seres amados, ni en el pasado ni en el presente, sino romper el círculo de dolor que se ha repetido de generación en generación, ya que sólo así podremos tener un futuro mejor.

Hasta ahora hemos repetido un programa, un patrón de conducta; lo primero que necesitamos hacer para cambiarlo, es tomar conciencia del porqué de nuestras actitudes.

Una conocida fábula ilustra muy bien lo que quiero decir; "una pareja de recién casados estaba preparando la cena de Acción de Gracias. El muchacho vio que su esposa le quitó una esquina al pavo, y esto le llamó mucho la atención.

—¿Por qué le quitas la esquina al pavo?, —preguntó.

—No sé, —respondió ella— así lo hace mi mamá y le queda muy rico.

Él no entendió muy bien la explicación, y como seguía intrigado, llamó a su suegra y le preguntó.

—Suegra, ¿por qué usted y su hija le quitan la esquina al pavo?

—No sé, —respondió la señora— así lo hacía siempre mi mamá y le quedaba muy rico.

El muchacho no quedó para nada contento con la respuesta, y se fue a ver a la abuela de su esposa; era una dulce señora de cabellos blancos con el rostro surcado de arrugas. Él le explicó que había venido porque necesitaba hacerle una pregunta.

—¿Por qué su nieta, su hija y usted le quitan una esquina al pavo? Ellas me dijeron que usted me lo sabría explicar…

—Yo no sé por qué lo hacen ellas, —dijo la abuela— yo lo hago porque no cabe en mi charola.

Lo mismo ocurre con casi todo lo que hacemos, vivimos repitiendo conductas sin sentido, por el simple hecho de haber visto a alguien más hacer las cosas de ese modo. Entonces, si a mí me dijeron que el brócoli era lo mejor, mi hijo tiene que comer brócoli a la fuerza, aunque no le guste; si a mí me amenazaron para comer, pues yo amenazo a mi hijo para comer; si usaron el chantaje conmigo, yo uso el chantaje con mi hijo. Si a mí me retaron, me amenazaron, me regañaron o me golpearon, yo haré lo mismo con mi hijo.

El trato que damos a nuestros hijos va cambiando de acuerdo a las etapas de sus vidas, y así vamos repitiendo esquemas sucesivamente, patrón tras patrón.

Como hijos, sabemos cuánto eso nos lastimó, pero nos justificamos diciendo: "un buen chanclazo a tiempo no mata a nadie". Mírame a mí; soy una persona de bien, y eso se lo debo a la chancla de mi madre. Tras esa justificación, hemos educado a nuestros hijos de la misma manera; es un problema cultural.

Quienes nos hemos mudado a los Estados Unidos vemos que las leyes aquí son más estrictas, y limitan ese tipo de maltrato que, lamentablemente, aún es tan común en otros lugares.

Los que crecimos en algún país de Latinoamérica hemos recibido todo el peso de la justicia directamente de mano de nuestros padres, siempre acompañada de la conocida frase: "agradece que no te pego como me pegaban a mí". Esta problemática también se puede manifestar de la forma contraria; es decir que, en el afán de no repetir el patrón, nos vamos al polo opuesto, procurando dar a nuestros hijos todo lo que nosotros no tuvimos, no solo en el aspecto material, sino también en cuanto a libertades.

Cuando hemos sido reprimidos por nuestros padres, cometemos el error de pensar que, el amor consiste, en no poner límites a nuestros hijos; es necesario comprender que el daño es el mismo, aunque creamos estar del otro lado del problema.

No me cabe la menor duda de que amas a tus hijos tanto como yo amo al mío; mi mayor deseo al escribir este libro es ayudarte a tener una mayor conciencia de cómo los estás amando. Por cosas de la vida, yo comencé a pensar en el tipo de madre que quería ser, mucho antes de siquiera poder tener un hijo.

Yo vivía en el Estado de México, pero, en Ciudad de México, había un periódico muy famoso que todos los años, durante el mes de mayo, lanzaba la misma convocatoria, se trataba de un concurso llamado Carta a mi Madre, y era todo un acontecimiento; el texto ganador se publicaba en el periódico, y lo anunciaban también por radio y televisión.

Fueron muchos años consecutivos escuchando el llamado a participar; el título y toda la dinámica del concurso se me hacían un gesto muy bonito y me ilusionaba la idea de escribirle una carta a mi hijo algún día; claro que yo era apenas una niña, aún no pensaba en novios ni en tener hijos; sin embargo, fue un anhelo que guardé en mi corazón para cuando llegara el momento.

El tiempo pasó, me convertí en mamá, y esta es la carta que siempre quise escribir para mi hijo; la historia detrás de la historia; lo que él no pudo ver más allá de sus recuerdos y de mis decisiones y acciones. Los doctores pueden abrir tu cabeza, estudiar tu cerebro y ver tus neuronas en acción, pero por más ciencia, aparatos y sofisticación que tengan, nunca van a poder ver tus pensamientos; con nuestros hijos pasa igual, ellos sólo consiguen ver una parte de nosotros, y eso si tienen suerte, pues nos pasamos la mayor parte del tiempo trabajando. Sólo conocemos las verdades a medias; el resto suele quedar oculto detrás del miedo y los prejuicios.

Con este libro deseo que mi hijo pueda completar su historia; esa que comenzó mucho antes de su nacimiento.

Capítulo 1: Aférrate a la vida

La rutina del día a día nos hace olvidar las cosas importantes; nos sentamos a la mesa mirando el teléfono celular, y nunca nos sobra el tiempo para conversar y tejer lazos con nuestros hijos. A lo mucho, sólo hablamos de lo trivial: ¿cómo estuvo tu día?, ¿qué quieres de comer?, ¿te gustó la merienda?

A cierta edad, es común que los niños empiecen a interrogar a sus padres: ¿cómo se conocieron?, ¿cuándo se casaron?, ¿cómo nací yo?, etc.

Esto es normal, pues ellos creen que su historia comienza ahí. Lamentablemente, no todos los hijos son planeados y deseados; hay quienes llegan "por error". Unos son el producto de una decisión consciente: ¡qué alegría, voy a tener un hijo!; y otros, vienen con frases como: ¿otra vez estás embarazada? o, ¡me casé por tu culpa!

Afortunados aquellos que tienen una historia bonita, un proyecto de vida que ha sido planificado desde el principio; sin embargo, no siempre es así. Por supuesto que muchos se enamoran de sus bebés desde que los ven por primera vez, pero lo ideal sería poder amarlos desde que se forman en nuestro vientre, desde que sabemos que existen.

Esto haría una gran diferencia, porque los bebés tienen conciencia desde el momento en que son concebidos; ellos perciben todas nuestras sensaciones y emociones, y esta información se queda impresa en su memoria. Uno podría decirle a sus hijos: bueno, no fuiste planeado, pero sí fuiste muy deseado; sin embargo, nadie platica de esas cosas.

El proceso del embarazo es más significativo de lo que pensamos; convivimos más de 9 meses con nuestro bebé siendo un solo organismo, una misma persona. Nuestro bebé aún no tiene contacto con el exterior, pero recibe a través de nosotras todo lo que comemos, lo que sentimos, todo lo que pensamos. Todo, al 100%.

Aún dentro del vientre de la madre, un bebé puede escuchar o percibir rechazo, temor, culpa o incluso rabia; esto hará que en su mente se forme la idea de que es un problema, un error, la causa de la infelicidad de sus padres, y esa sombra lo acompañará durante toda su vida.

Toda mujer experimenta un sobresalto al enterarse de que va a ser madre; a veces puede tratarse simplemente de un temor natural que nos invade al quedar embarazadas y que despierta nuestro instinto de preocupación por el futuro; nos inquieta la idea de poderle brindar a nuestro hijo todo lo que requiera, todo lo que soñamos. Sin embargo, cuando ese nivel saludable de temor se sale de control, puede resultar tóxico tanto para la madre como para el bebé.

Siendo adolescente tuve la oportunidad de conocer a un sacerdote español llamado Alejandro García Durán Conde De Lara, mejor conocido como El Padre Chinchachoma

(Cabeza sin Cabello). Él dedicó su vida a rescatar niños de la calle. Salía a buscarlos; algunas veces lograba convencerlos, pero otras, tenía que enfrentarlos y retarlos; no descansaba hasta verlos en alguna de las muchas casas-hogar que había fundado. A veces se los encontraba en la calle, drogados y armados; un día nos contó de un joven que vino a asaltarlo, pero él lo enfrentó, y a pesar de que el muchacho estaba armado, su sola presencia logró dominarlo y convencerlo de ir a la casa-hogar.

Lo escuché en varias ocasiones, y siempre pude percibir el gran amor que él tenía por esos niños; ellos lo llamaban padre, y él los llamaba hijos. Los albergaba, los alimentaba, les inculcaba nuevos hábitos, y los ayudaba en el proceso de abstinencia para dejar las drogas; ese era el paso fundamental para poder introducirlos a una nueva vida. Aun así, y a pesar de ser sacerdote, Chinchachoma no comenzaba hablándoles de Dios; por el contrario, se comunicaba con ellos en su mismo idioma, y hasta empleaba groserías si era necesario; se les ponía a la misma altura, hasta que poco a poco iban bajando su temperamento, y al final, siempre lograba abrazarlos y hacer que lloraran sus frustraciones en sus brazos.

Cuando ellos comenzaban a dar muestras de transformación, era el momento de decirles que Dios existía y había puesto esa opción frente a ellos, porque mientras estuvieran metidos en la inmundicia, el dolor y la frustración, habría sido inútil hablarles de Dios. Durante esa fase no hay nada qué hacer; si quieren dejar las drogas, no hay manera de evitarles ese trance, sólo les queda enfrentarlo. Todo adicto sabe lo difícil que es decirle a su cuerpo: ¡ya no más!

Cuando pasa la crisis, la persona se rinde; el padre explicaba que casi siempre los encontraba llorando y en posición fetal, agotados pero livianos, listos para volver a nacer. A partir de ese momento, ya podían integrarse a la casa-hogar; Chinchachoma les daba cobijo, ropa, alimentación y educación, pero lo más importante era ayudarlos a encontrar una motivación para sus vidas. En una palabra, les encendía la luz de la esperanza.

Quedé muy impresionada al saber que ese sacerdote podía amar a esos niños como sus hijos, al grado de jugarse hasta su vida por ellos, arriesgándose a que lo mataran o lo hirieran bajo los efectos de las drogas, con tal de que le dieran la oportunidad de ayudarlos. Si él podía actuar de esa manera, con más razón una madre debería amar igual o más a sus propios hijos, y de una mejor manera.

Fue así como el padre Chinchachoma, me enseñó a amar a mi hijo mucho antes de siquiera pensar en tenerlo. Yo pensé: si ese amor existe en él, ¡imagínate cómo va a ser el mío! Mi hijo va a estar en mi vientre, va a crecer dentro de mí y yo lo voy a traer a la vida, ¡¿cómo no lo voy a querer, tanto o más de lo que él quiere a esos niños!? Yo aún era una niña, pero tuve la absoluta certeza de que sería así.

Cuando me hice novia del papá de mi hijo, él me dedicó una canción muy hermosa que hablaba de un niño nacido del amor; todavía éramos muy jóvenes para casarnos, pero soñábamos con eso, y nos gustaba bromear adivinando si sería niña o niño; de hecho, pensábamos que lo más probable era que tuviéramos una hija, porque en mi casa todas éramos mujeres.

Con el tiempo, él y yo nos separamos por aproximadamente tres años, y cuando nos volvimos a encontrar ya no me pidió que fuera su novia, sino que nos casáramos. Yo acepté, con la condición de esperar algunos años antes de tener un hijo, pues siempre había tenido muy claro que deseaba brindarle a mi bebé la estabilidad de un hogar consolidado. A diferencia de las aves, que construyen primero el nido, luego buscan a la pareja y después tienen a sus hijos; los seres humanos primero tienen al hijo y después es que comienzan a ver en dónde van a vivir.

Yo no quería eso; mi plan era esperar por lo menos 5 años, cosa que no sucedió. Mi regla siempre había sido muy irregular, así que el retraso en mi menstruación me pareció normal; comencé a tener los malestares típicos del período, pero el sangrado no llegaba. Pasaron 2 semanas antes de que decidiéramos visitar al doctor; finalmente fuimos a la consulta, y después de examinarme, el médico dijo sonriente: ¡felicidades!, la cigüeña los visitará en enero.

Sólo habían pasado 3 meses y ya estaba embarazada. La noticia me dejó muy confundida, sobre todo porque una conoce su cuerpo, y los síntomas que yo había experimentado eran los mismos de mi período menstrual, pero el doctor nos explicó que, en efecto, había una condición delicada: mi embarazo era de alto riesgo y sería necesario guardar estricto reposo durante los 9 meses de gestación.

Recuerdo que salimos del consultorio con una mezcla de emociones; por supuesto que estábamos felices con la noticia, porque ser padres siempre había sido parte de nuestro proyecto de vida, pero al mismo tiempo, comencé a sentir mucho temor de que, algo pudiera pasarle al pequeño ser vivo que estaba desarrollándose dentro de mí, y además tenía la frustración de saber que aún no podía ofrecerle la estabilidad que yo siempre había soñado.

No importan las circunstancias: casadas o no, con recursos financieros o no; toda mujer siente miedo al enterarse de que está embarazada. Tal vez sólo dure un instante, un segundo, un minuto, cada quien lo va a procesar de una manera diferente, pero es la primera manifestación del instinto maternal.

Mi esposo trabajaba todo el día, de 8 de la mañana a 8 de la noche, y yo pasaba todo el día sola, sin saber absolutamente nada de nada y con un miedo atroz, porque era la primera vez que estaba aquí y no contaba con amigos ni familiares. Al conocer el diagnóstico de mi embarazo, tanto mi suegra como mi madre se pusieron paranoicas, y por supuesto nosotros también. Me entró mucho miedo y comencé a tener más síntomas, más dolores, más problemas.

Todos estábamos asustados, y ellas comenzaron a insistir en que debía regresarme a México, pero yo me negué; no me había casado para que mi hijo naciera lejos de su padre. Sin embargo, nuevamente la vida decidiría por mí. Debido a los cambios hormonales típicos del embarazo, es muy común que la mayoría de las mujeres sufran de infecciones vaginales en los primeros meses de gestación, y yo no fui la excepción.

El médico me recetó un medicamento, y siguiendo sus instrucciones al pie de la letra, me lo apliqué antes de dormir. En mi vida voy a poder olvidar lo que viví esa noche. No sé qué pasó, pero comencé a sentir unos dolores muy fuertes en mi vientre y deseos de ir al baño. Mi esposo dormía a mi lado, pero al sentirme inquieta se despertó; me dijo que fuéramos a urgencias, pero yo le dije que no, pues tenía la sensación de que iba a perder a mi bebé si me levantaba de la cama.

Decidí concentrarme en respirar; la maternidad activa un sexto sentido, y en ese momento sentí que lo mejor que podía hacer era no moverme, solo inhalar y exhalar. Poco a poco el dolor fue pasando, pero esa sensación se quedó ahí, en mi mente. Al día siguiente fuimos a ver al doctor, y nos confirmó que casi pierdo a mi hijo como consecuencia de la infección. Afortunadamente había hecho lo correcto al permanecer acostada respirando; sin embargo, el riesgo de aborto seguía latente.

Cuando salimos del consultorio, mi esposo estalló: ¡te regresas a México!, allá están tu mamá y mi mamá; ellas pueden cuidarte y auxiliarte mejor que yo. No quiero que nada te pase. En ese momento comprendí que él tenía tanto miedo como yo. Me regresé a México con dos meses de embarazo y un diagnóstico de alto riesgo; las indicaciones del médico eran muy estrictas: reposo total, cero esfuerzos, nada de sobresaltos emocionales. En otras palabras, me sentía como una incubadora.

13

Me instalé en la casa de mis padres, pues tuve que reducir mi movilidad al mínimo; pasaba tanto tiempo acostada que se me comenzó a caer el cabello en abundancia, pero decidí aprovechar ese tiempo que me daba mi bebé, para compartir con él los Libros de Sabiduría de la Biblia, que eran mis lecturas favoritas (Proverbios, Deuteronomio, Eclesiastés, etc.) Le ponía también música clásica, conferencias grabadas de oradores que hablaban de superación personal, y cualquier otro material constructivo que llamara mi atención.

Cumplí con mi reposo a cabalidad, pero aun así tuve una recaída a los seis meses. Fue después de la cena; yo estaba platicando con mi papá en mi habitación y le había pedido que me ayudara a sentarme en el sillón para descansar de la posición, pero de pronto comencé a tener dolores. Mi papá debe haber visto mi cara de consternación, porque interrumpió su conversación y me preguntó: ¿te sientes mal?, le dije sí, me quiero acostar. Él me ayudó a levantarme para irme a la cama, y entonces sentí un dolor punzante en el vientre; me acosté como pude y comencé a llorar.

Ya era tarde y en aquel entonces no teníamos carro para ir al hospital; mi papá me dijo:

—No sé qué hacer;

—Yo tampoco —le respondí.

—¿Por qué no hablas con él? Dile que aguante, que resista. Si nace ahorita no creo que sobreviva, está muy chiquito.

Fue lo único que se le ocurrió en medio de su desesperación, pero nuevamente confié en la sabiduría del amor y le hice caso a mi padre.

Sentí una conexión muy profunda con mi bebé; ambos estábamos luchando por su vida. Nuevamente logramos estabilizarnos; al día siguiente fui a que me revisara el doctor, y él me explicó que, después de los seis meses ya no se considera aborto; a partir de ahora estaríamos hablando de parto prematuro.

Cuando llegamos a los 7 meses, el doctor me sugirió provocar el parto y poner al bebé en incubadora, para que así yo pudiera descansar. Yo me negué; en verdad habían sido unos meses muy duros, pero mi hijo y yo habíamos luchado juntos durante todo el embarazo, y juntos lo íbamos a culminar. Serían sólo 2 meses más en cama, y además yo contaba con el apoyo de mi familia.

Me dediqué a comunicarme con mi bebé con más fuerza que nunca; hablaba con él todo el tiempo, le decía que él era la sorpresa más bonita que me había dado la vida, pero que yo lo había amado incluso desde antes de saber que iba a tenerlo. Le decía: ¡ya estás aquí!, ¡ya existes!, ¡por favor aférrate a la vida!; es lo único que te pido, de lo demás, yo me encargo.

Siempre tuve la idea de que el ser humano está diseñado para la felicidad, y que el sufrimiento no es otra cosa que el producto de nuestras ideas equivocadas. Cuando somos capaces de generar las ideas adecuadas, el sufrimiento deja de tener sentido y se vuelve completamente innecesario. Así se lo explicaba a mi hijo, le decía: no tienes necesidad de ser rebelde ni de llamar la atención; mi amor y mi atención ya las tienes, desde siempre.

Gracias a esa gran compenetración llegamos a los 9 meses (incluso un poco más); los doctores habían calculado mi fecha de parto alrededor del 15 de enero, pero ya estaba por finalizar el mes y mi bebé aun no nacía. Fui a mi control médico, y al hacerme el ultrasonido descubrimos que, tenía el cordón umbilical enredado alrededor del cuello. No había opción, tendrían que hacerme cesárea. Me dijeron que fuera al día siguiente a primera hora y en ayunas. Al día siguiente me ingresaron al quirófano; estaba rodeada de todo el equipo que participaría en la intervención: anestesiólogo, cirujano, neonatólogo, enfermeras. En ese momento yo acababa de cumplir 23 años de edad.

Cuando una embarazada entra en labor de parto y se complica, tienen que hacer una cesárea de emergencia; afortunadamente mi cesárea era programada, por lo que estaba completamente consciente. Entonces, mientras el equipo médico hacía su trabajo, yo inicié una conversación que tenía pendiente: "Querido Dios, hasta este instante, yo soy él y él es yo, hasta este instante él te alaba, él te quiere, él sabe de tu existencia porque yo lo hago, pero una vez que nazca, él será un individuo con decisiones propias y libre albedrío. Por supuesto que voy a inculcarle mis valores y mi fe en ti, pero la forma como se relacione contigo, será su decisión; a partir del momento en que él salga de mi cuerpo estará completamente en tus manos.

Al doctor le pareció extraño verme mover los labios y le preguntó a una de las enfermeras: ¿qué está haciendo?, ¡dile que se calme, que no esté tan nerviosa!; ella le respondió que yo no estaba nerviosa, que estaba rezando. Yo alcancé a escucharlos y pensé: tampoco estoy rezando; sólo estoy conversando con dos amigos. En efecto, ya había terminado mi diálogo con Dios, y ahora le tocaba el turno a mi hijo.

Yo había decidido que, desde el momento de su nacimiento, nos liberaríamos del apego emocional. Sí, tal y como lo lees; es muy común creer que las relaciones tóxicas solamente existen entre parejas, pero también pueden darse entre padres e hijos.

El apego enfermizo a las figuras de los padres se divide en: Síndrome de Edipo, que es el apego enfermizo del hijo a la madre, y Síndrome de Electra, que es el apego enfermizo de la hija al padre.

Al leer semejantes historias, se puede llegar a pensar que es una exageración compararlas con la realidad; sin embargo, esos extremos existen y están catalogados como patologías que requieren atención profesional. Yo había decidido conscientemente cortar el cordón del apego emocional con mi hijo en el momento mismo de su nacimiento, para que pudiera convertirse en un ser libre, independiente para hacer uso de su libre albedrío.

Tal y como se lo dije a Dios, se lo expresé también a mi hijo: "hasta este momento estás conmigo, y en cierto sentido eres mío, pero estás a punto de dejar de serlo para comenzar a existir por ti mismo". El médico no alcanzó a entender lo que yo estaba diciendo, pero igual me dejó ser. Escuché que me dijeron: aguanta la respiración por un segundo. Sentí que me presionaron el estómago y de repente, ¡ya puedes respirar!

Levantaron a mi niño y él comenzó a llorar; mis lágrimas también brotaron mientras yo expresaba mi voluntad en voz alta: "En ese momento comienza tu historia consciente; la que vas a poner en los formularios. Me libero amorosamente de ti, y te libero amorosamente de mí, para que ambos podamos tener una relación sana. Hoy nos graduamos, tú de hijo, y yo de mamá; pero recuerda que tu vida comenzó mucho antes, y mi amor por ti también.

Capítulo 2: Des-aprender para aprender

Siglos atrás, los antiguos griegos ya sabían que el amor es una fuerza poderosa que influye en nuestra vida de formas muy diversas; por eso lo clasificaron en tres formas: Eros o amor pasional, Philia o amor fraternal y Ágape o amor universal.

Eros puede terminarse con la misma intensidad con la que surge; se centra en el instante, y su combustible es el deseo carnal; Philia se manifiesta en forma de solidaridad, respeto y cooperación con nuestros semejantes, y Ágape constituye el amor en su forma más pura, porque es universal (no excluye a nadie) e incondicional (lo da todo sin esperar nada a cambio).

Traer un hijo al mundo, tal vez sea la muestra más palpable de Ágape; ese amor incondicional y desinteresado, pero, ¿acaso sólo las madres pueden experimentar esa clase de amor? Yo diría que no; por el contrario, estoy convencida de que todos somos capaces de sentirlo. De hecho, en toda relación sana, la idea es trascender el Eros y el Philia hasta llegar al Ágape; esa debería ser nuestra finalidad como seres humanos.

Mientras reflexionaba en todo esto, mi bebé y yo nos reponíamos del proceso de su nacimiento. Yo ya estaba descansando mejor, ya podía comer de todo y había comenzado a recuperarme; mi hijo también, pues había nacido muy pequeñito, pero en pocos días se había expandido, como si le hubiera faltado espacio dentro de mí, y ahora quisiera recuperar el tiempo perdido.

Recuerdo la noche en que me lo llevaron; yo aún estaba en el hospital y a él lo pusieron junto a mi cama en el cunero. Llegó la enfermera del turno de la noche y me preguntó:

—¿Qué hace su niño ahí?

—Pues ahí me lo dejaron —respondí.

—Él tiene que estar con usted.

Yo aún no podía moverme, y le agradecí infinitamente que lo pusiera junto a mí. ¡Por fin! Ahí estaba mi hijo, mi bebé, con apenas unas horas de nacido. Él me miró con unos ojos enormes y redondos, y nos reconocimos; era como si nos hubiésemos dicho: ¡ah!, así te ves por fuera. Después de 9 meses dentro de mí, obviamente estábamos conectados física y emocionalmente, pero esto era diferente.

—¡Bienvenido al mundo! —le dije— yo soy tú mamá.

Comenzamos a aprender a vivir juntos, pero con autonomía. Cuando eres mamá primeriza, todo te da pánico. Si oyes a tu bebé toser, piensas: ¿se estará muriendo?, ¿debo llevarlo al doctor? Todas pasamos por eso; en cambio, los papás nos dicen en medio de su miedo: "resuélvelo, usa tus súper poderes, usa la varita mágica".

Si al papá le da miedo, a la mamá le da el doble, pues aparte de soportar el malestar inmenso que tiene después de una cesárea, tiene que lidiar con el estrés del papá diciendo que no sabe qué hacer y que tú eres la mamá, etc., y obviamente, lo que menos necesita una mamá en esos momentos es que la critiquen; así que, si pueden omitir cualquier comentario inútil, por favor háganlo.

Cuando el niño llora, la mamá adopta como suya la situación; si el papá realmente quiere ayudar, simplemente acérquese, abrácela y pregúntele: ¿en qué te puedo ayudar?, ¿hay algo que pueda hacer? Ella, entonces le va a decir que no, porque ni ella logra entender el llanto de su hijo; pero basta con que pueda sentir ese apoyo para que lo vea como el mejor hombre del mundo. En cambio, si como papá solo mantienes una distancia prudencial y solo observas o criticas lo que hace, es muy probable que ella piense: "es lógico que, si supiera qué hacer, el niño o niña no estaría llorando; ¿por qué no se da cuenta de que yo no lo dejaría llorar por gusto?".

No lo decimos; nadie lo dice, pero es un sentimiento que está en todas las parejas. Ahí es que comienza nuestro andar y nuestra escuela, ahí comienza el reto y nuestra historia como pareja y como padres. Cuando de niños escuchábamos a una mamá quejarse, pensábamos: ¿para qué tuvo hijos? Pero cuando nos llega el turno, decimos: ¿qué hago?, ¿qué habría hecho mi mamá? Y la mejor de todas: "¡cuánta razón tenía mi mamá!".

Las madres poseían el remedio mágico para todos los males, todo lo querían solucionar con un "tecito" (té en diminutivo). Es lo que todas las mamás recomiendan, y no sé cuál es el secreto, pero de que funciona, funciona. El día que te enteras que estás embarazada, comienzas a comprender a tu mamá. Ese día comienzan también tus preocupaciones y tus miedos, y no te van a abandonar, sino que van a crecer junto con tu hijo.

Primero, te da miedo no saber si vas a ser una buena mamá o te asusta la idea de no poder llevar tu embarazo a término; después, el niño nace y te da miedo que no sobreviva; cuando comienza a crecer, vives pendiente de que no se vaya a caer, que no se vaya a fracturar, que no se vaya a lastimar. Cuando cumple siete años, te preocupa que tu hijo cruce la calle, que se estrelle con la bicicleta o que se vaya a pelear con los niños en la escuela, y en un "abrir y cerrar de ojos", ya es un adolescente y comienzas a tener miedo de las drogas, las fiestas, el alcohol.

Lejos de sentirte "libre" o descansada, descubres que los problemas de una madre son del tamaño de su hijo. No es lo mismo ser la mamá de un niño de 1 año de edad que tener a un adolescente de 16 y si no adaptas tu mentalidad estarás en problemas.

Tú también tienes que evolucionar; recuerda que sus problemas van a crecer junto con él, y debes estar preparada para los nuevos retos que tendrás que enfrentar. Es mejor que te adelantes; no esperes a que el problema surja para buscar ayuda y ver cómo salir de él.

Tú ya sabes que tu hijo va a ser adolescente, y que por naturaleza se va a revelar; entonces, prepárate. Ve pensando qué tipo de educación quieres darle; planifica su camino. La comunicación con los hijos es algo que podemos cultivar, incluso desde que están en el vientre. Los niños inteligentes suelen ser intrépidos, rebeldes o extrovertidos, y por lo general no cuentan con unos padres que los comprendan.

Hoy en día se habla de niños hiperactivos, pero en realidad lo que hay, son padres hiperpasivos, que solamente saben decir cosas como: "no me molestes, estoy muy ocupado"; "ponte a jugar, que yo tengo cosas importantes qué hacer", etc. Estos niños se sienten en la necesidad de llamar la atención constantemente, y es entonces cuando se encuentran con una de las primeras causas de sufrimiento: la famosa "chancla", método preferido por las madres mexicanas para corregir a sus hijos.

Desde que el mío estaba en el vientre, yo le decía: "no tienes necesidad de portarte mal para que yo te preste atención. Cuando quieras expresarte, habla conmigo; yo estoy aquí para escucharte. Nada es más importante que tú en mi vida". Y así ha sido hasta el sol de hoy; entre nosotros, la premisa es que todo se puede conversar.

Otra de las cosas que quise enseñarle a mi hijo desde el primer momento fue, que hiciera el compromiso de la felicidad: "ser feliz es una decisión, ser feliz es fácil y es la única misión que tienes en este mundo". Yo estaba consciente de que, al vivir con mi hijo en casa de mis padres, cabía la posibilidad de que ellos en algún momento lo regañaran o incluso lo golpearan, como eran las costumbres de su generación. Lo mismo podía pasar en la escuela; me aterraba la idea de que los maestros pudieran ponerle una mano encima, o de que los demás niños le hicieran bullying.

Los niños que hacen bullying sólo están reflejando lo que ven en casa; por lo general no tienen autoestima y provienen de hogares violentos donde son descalificados por sus propios padres, hermanos mayores, primos, etc.

Este tema nos pone a todos los pelos de punta; los padres van a la escuela a pelearse con todos, bien sea porque su hijo sufrió bullying, o porque es acusado de hacerlo. Cuando digo que este problema comienza en casa, me refiero a que una persona con autoestima alta, nunca va a permitir que nadie le maltrate, pero esa dignidad se le enseña al niño desde que empieza a tener uso de razón, es decir, desde que comienza a entender algunas cosas que suceden a su alrededor.

Por muy indefenso y frágil que sea, incluso un bebé tiene libre albedrío, es decir, es un individuo con sus propios pensamientos, con sus propias decisiones, pues desde que está en gestación comienza a formar su carácter y personalidad. Algunas personas creen que los bebés no perciben las cosas dentro del vientre, y descuidan tanto lo que piensan, como lo que expresan.

Por ejemplo, es frecuente escuchar a algunas embarazadas quejarse porque su bebé se mueve mucho: "este chamaco me va a matar". Yo siempre tuve la certeza de que mi hijo estaba consciente y lúcido dentro de mí, y por eso no esperé para comenzar a darle las lecciones más valiosas: "aférrate a la vida"; "el sufrimiento no es necesario"; "tú no vienes a este mundo a otra cosa más que a ser feliz"; "tú no te preocupes"; "pase lo que pase, recuerda que eres la obra maestra de las Manos Divinas"; "Dios te creó, ya Él te ama"; "yo estoy aquí como conducto, como medio, pero realmente ha sido Dios quien te ha puesto en mí, y aquí estoy yo; aquí está mamá para ayudarte".

Recuerdo cuando compraba su ropita; me moría de ganas de ver su cara, sus ojos, saber cómo iba a ser. Todas las mamás saben a qué me refiero; siempre hay una incertidumbre, un temor al futuro. Si no lo piensas durante el embarazo, lo piensas cuando nace, ¿qué voy a hacer cuando se enferme?, ¿qué voy a hacer cuando entre a la escuela?, ¿qué voy a hacer cuando llegue a la adolescencia y sea rebelde?, etc.

Cuando comienza a dar sus primeros pasos y se cae por primera vez, te sientes como la peor mamá del mundo y piensas, "si no puedo cuidarlo ahorita, ¿podré después?". El miedo nos ataca a todas de manera diferente y por circunstancias distintas, pero es algo que hay que aprender a manejar; o te quedas con esa emoción y actúas por instinto, por reflejo condicionado, repitiendo patrones y educando a tu hijo como a ti te educaron o decides desaprender y mejorar para darle algo mejor.

Carta a mi hijo

Capítulo 3: Un libro más

Lo que hace la diferencia no es la cantidad de amor que crees que le das a tu hijo, sino la calidad de ese amor y de los momentos que acumules en su memoria. Nuestros padres y abuelos solían decir: "nadie nace sabiendo ser padre o madre", "nadie nos enseña a ser padres". Eran frases muy repetidas antiguamente, y tal vez en aquella época eso era verdad, pero hoy en día es mentira; siempre hay información, y nada nos impide prepararnos para esta misión, que es, tal vez, la más trascendental que podamos tener como seres humanos.

Hace siglos que existen los libros; Jesús se preparó para su misión con textos que ya existían en el Antiguo Testamento. Eso de que nadie nos enseña a ser padres, no es verdad; siempre hay una forma de aprender, y más a estas alturas de la vida, cuando hay información por todas partes. Incluso, conozco una organización que se llama "Escuela para Padres"; es toda una institución; cuenta con libros, conferencias, videoconferencias, programas en YouTube, etc., así que no tenemos excusas.

No dudo de la responsabilidad de ningún papá o mamá, que estén luchando en el día a día para lograr al pie de la letra aquello de: "que a tus hijos no les falte nada"; sin embargo, todos cometemos errores, como por ejemplo amenazarlos o chantajearlos para hacerlos comer. Ese es un caso típico que se repite, generación tras generación y país tras país, "¿cómo no te vas a comer lo que te preparé, cuando hay millones de niños en África sin nada que comer?; mañana, cuando tengas hambre, te acordarás de la comida que dejaste hoy. Ese discurso es una de las causas de obesidad, diabetes y muchas otras enfermedades que azotan a los adultos en nuestros países, y que están relacionadas con adicciones y ansiedad, todo porque de niños fuimos programados para relacionar el comer con el sufrimiento, el miedo y la culpa.

Cuando supimos que estábamos embarazados, el papá de mi hijo y yo decidimos de acuerdo mutuo, que nunca íbamos a obligarlo a comer; nunca le diríamos, "acábatelo, porque me costó dinero". Así le quitamos de su inconsciente el miedo y la culpa.

Siendo niña tuve la oportunidad de ver "El Planeta de los Simios"; me impactó la forma en que los chimpancés lograron evolucionar, hablar y organizarse hasta llegar a dominar el planeta. Según la película, una pandemia acabó con todos los gatos y los perros; entonces los chimpancés se convirtieron en las nuevas mascotas, pero gracias a sus habilidades casi humanas, les fueron asignando tareas cada vez más complejas, hasta quedar prácticamente esclavizados. Esto hizo que aprendieran a hablar como los humanos, y la primera palabra que aprendieron a articular fue "NO".

Años más tarde, escuchando una conferencia, recordé inmediatamente la película; el especialista explicaba que debíamos evitar el uso de la palabra "NO" al interactuar con los niños, recomendando que buscáramos otras maneras de explicarles nuestras intenciones, pero sin usar esa palabra. Entonces pude establecer la conexión; en la película, los simios se revelan mediante el lenguaje; en la vida real, el ser humano también.

Una de las palabras que más escuchamos cuando somos niños es "NO"; no te subas, no hagas esto, no hagas aquello, no, que te vas a golpear; no, que te vas a lastimar; no… no… "NO" para todo. Si el niño nos pide algo, le respondemos, "no te lo voy a dar porque te portaste mal" o "toma, para que no estés molestando". En ambos casos le estuviste diciendo "NO".

Toda madre observadora sabe que "NO" es una de las primeras palabras que los niños comienzan a pronunciar; incluso es motivo de risas y celebraciones a un bebé moviendo su cabecita de un lado a otro para negarse a algo. Sin embargo, cuando pensamos en lo que puede implicar para el futuro, esto se vuelve aterrador.

Nuestros hijos ya traen su personalidad; nuestra labor como padres, como guías, como mentores, es ayudarlos a formar su carácter. Esta palabra también merece atención especial; un niño "con carácter" no es el que vive malhumorado, haciendo pataletas cada vez que no lo complacemos. De hecho, es todo lo contrario.

Una persona con carácter acepta las cosas sin desequilibrarse, aun cuando no salen como espera. Es decir, que, si deseas tener un hijo con carácter, no debes correr a darle todo lo que te pida. Otras frases que escuchamos con frecuencia son: "ya no sé cómo hacerme entender"; "no sé de qué otra forma explicártelo"; "te lo he dicho de mil maneras", etc.

El hecho de que tú no sepas cómo hacerte entender no significa que tu hijo no entienda. Tú eres la parte adulta, así que tienes la responsabilidad de buscar alternativas para que la comunicación sea efectiva, y para ello siempre hay opciones. Vivimos en un momento en el que hay una respuesta para todo; si tu hijo no te entiende, recuerda leer un libro más.

Si estás pensando, "no sé qué decirle"; te está faltando un libro más. "No sé cómo explicárselo", te está faltando un libro más. Te falta leer un libro más cuando dices, ¿cómo te hago entender?, ¿cómo me hago entender? Siempre que te veas en una situación que no sepas resolver, te falta ese libro de más, o esa palabra, esa imagen, esa frase, esa canción, esa caricatura.

Hay mil herramientas que nos permiten valernos de un mensaje directo o indirecto y adaptarlo a nuestro favor para transmitir ideas con más claridad: nunca ha habido menos excusas que ahora para decir que nuestros hijos no nos entienden; la verdadera comunicación es un arte que se puede enseñar y aprender.

Hay un dicho muy sabio, "tus acciones gritan más fuerte que tus palabras". Si le exiges a tu hijo que se porte bien, pero tú le mientes a tu pareja; si le dices que no critique, pero te oye hablando mal de tus vecinos; si le exiges que se coma todo el plato, pero tú vives haciendo dieta, o lo presionas para que "coma sano" cuando eres tú quien compra las chucherías que están en la despensa, por supuesto que no te va a obedecer. Ningún niño hará lo que le dicen, sino lo que vea hacer en casa. Le duela a quien le duela, el comportamiento de los niños refleja el de los adultos; esto lo explica muy bien Chávez, M. A. (2004), en su libro "Tu hijo, tu espejo".

Cuando tus hijos se salgan de control y comiencen a avanzar en la dirección opuesta a tus sueños, te recomiendo que te preguntes, ¿qué estoy proyectando?, ¿qué estoy diciendo?, ¿sobre qué me han escuchado platicar? Es así, como lo estás leyendo. Cuando hablas por teléfono, cuando discutes con tu pareja, incluso cuando cuchicheas subestimando la inteligencia de tus hijos, ellos observan, escuchan e interpretan, y si no ven las circunstancias con claridad, sacan sus propias conclusiones; entonces, ¡cuidado con tus acciones!

No debemos exigir perfección, pues no somos perfectos; lo que sí podemos hacer es inculcar principios. Recuerda que ser padre o madre no sólo es una bendición, sino también un gran compromiso. Prepárate, infórmate, pregunta, busca orientación; no tienes excusas. Conozco madres y padres de varios hijos, y suelen hacer comparaciones, "Fulanito es un amor, pero Menganito me está enloqueciendo".

Tenemos que estar preparados; cada hijo es distinto, no podemos pretender educarlos a todos de la misma manera, porque no todos tienen la misma personalidad ni están en la misma etapa de la vida. Si tienen edades diferentes, tendrán necesidades diferentes de acuerdo a su nivel de madurez, pero incluso siendo gemelos, cada uno desarrolla su forma particular de ser, y todos merecen respeto por igual. Somos los adultos quienes debemos tomar esto en consideración a la hora de establecer pautas y hacer exigencias.

Si tú les ordenas a tus hijos que todos se duerman a las 9 de la noche, lo más probable es que el de 14 años esté enojado y el de 6 años, desvelado. Recuerda, "debes adaptarte a las circunstancias de cada uno de tus hijos". Tal vez es mucho pedir que, además de todo lo que implica en el día a día sacar adelante a tus hijos, también tengas que descubrir la personalidad de cada uno.

La experiencia del primer hijo nunca va a ser igual a la del segundo, tercero o cuarto; ya no tenemos la misma paciencia, y utilizamos la experiencia a nuestro favor, pero en contra de ellos. Cuando tu primer hijo tuvo una gripa, le diste todos los cuidados porque pensaste que se iba a morir, lo tapabas, te asustabas si estornudaba, cerrabas las ventanas, etc. En cambio, con el segundo te relajas, porque sabes que de una gripa no se va a morir, y ni se diga con el tercero o el cuarto. Tú te relajas, pero el mensaje que ellos reciben es muy distinto, porque a uno le diste toda la atención, mientras que a los demás les dices cosas como "de una gripa no te vas a morir".

Como mamá, entiendo el contraste entre la tranquilidad que se experimenta con un segundo hijo, y el estrés y el miedo que se siente con el primero. Es un sentimiento, una reacción natural que te nace como mujer y como mamá; te sientes culpable, te exiges el 1000%, y dices, ¡no, no, no!

Está gripa no puede empeorar, porque mi hijo se puede morir. Con el tiempo aprendemos a identificar la gravedad de las situaciones; sin embargo, aun cuando sepas que de una gripa no se va a morir, recuerda que tu hijo depende emocionalmente de ti, y necesita tu cariño, tu protección y tu atención.

Un niño no es un adulto pequeño; tu segundo, tercer o cuarto hijo es tan ser humano como el primero, tan importante como el primero, tan valioso y delicado como el primero. Puede que en tu experiencia de adulto sepas que lo que le ocurre a tu niño no es tan grave, pero si le restas importancia, él puede percibir apatía de tu parte (indiferencia); se sentirá abandonado y puede pensar, "mi mamá no me ama; yo no le importo"; "solamente quiere a mi hermano más grande"; "por él sí se preocupa, por mí no", etc.

Siempre hay libros, siempre hay conferencias, siempre hay especialistas, siempre hay terapias; siempre hay dónde y cómo aprender a dar la mejor versión de nosotros cada día, y al mejorar como seres humanos, automáticamente vamos a prosperar, no solo como padres, sino en todas las facetas de nuestra vida. Así como un día aprendiste un nuevo oficio, entraste a un nuevo trabajo y no solo te adaptaste, sino que te volviste excelente, de la misma manera tienes que ir mejorando como mamá o papá.

No se trata de pensar, "ya te tuve, ya no te moriste, arréglatelas como puedas"; "yo cumplo con traerte la comida y que nada te falte, no pidas más". ¡No!, como padres, tenemos la responsabilidad de ir creciendo con nuestros hijos. Seguramente le has dicho a tu hijo, "no te voy a comprar este juguete porque te puedes lastimar". Pues así mismo tienes que aprender a manejar situaciones más difíciles.

Cuando tu hijo sea adolescente y el problema que tengas que resolver sea el de su rebeldía, no te va a servir de nada adoptar la misma actitud con la que "evitaste" que no se lastimara años atrás. No funciona, y para muestra un botón, todos tenemos nuestras historias de adolescentes, todos tocamos fondo y por la gracia de Dios, salimos sanos y salvos de los problemas en los que nos metimos, y al madurar decimos, ¡de lo que me salvé!

Si tú ya pasaste por ahí, ¿por qué tu hijo tiene que vivir lo mismo? Prepárate; va a llegar a la adolescencia y va a enfrentarse con alcohol, drogas, fiestas, etc. Nada vas a lograr con encerrarlo, prohibirle o hablarle de los peligros que tú corriste, pues todo lo que le prohíbas se convertirá en lo más codiciado para él, precisamente por eso, porque es prohibido.

Ayer escuché a una chica decir, ¡ay mamá!, tuviste que haberme dicho "cásate" y sólo por llevarte la contraria, no me hubiese casado. Si ya sabes lo que va a suceder ¿por qué no te preparas para enfrentar esa situación? Cuando te hagas responsable de las decisiones que tomes, tu hijo se va a hacer responsable de las decisiones que él tome; se enseña con el ejemplo.

Yo le leía a mi hijo mientras estaba embarazada, pero eso no terminó ahí; cuando él nació, le seguí leyendo. Como él era chiquito y no sabía leer, yo usaba los dibujitos para crear diferentes historias, de manera que el mismo libro me servía para inventar 5 o 6 cuentos, además del que traía el libro.

A lo que me refiero es que, un niño no va a hacer lo que tú le digas, sino lo que te vea hacer. Si quieres que tu hijo estudie, estudia tú; si quieres que aprenda a leer, que te vea leyendo.

En una ocasión yo estaba leyendo un libro y alguna frase me hizo reír; mi hijo me vio y me preguntó, "mami, ¿qué dice ahí?, ¿por qué te reíste?, ¡cuéntame!

Él moría de ganas de aprender a leer porque quería saber qué era eso que yo disfrutaba tanto. Si te sigues preparando y aprendiendo cosas nuevas, tu niño siempre va a tener ganas de aprender.

Capítulo 4: No hay Atajos

Yo nunca fui una mamá consentidora; solo me propuse nunca decirle "No" a mi hijo, ni tampoco regañarlo. Nunca le hablé en tono chiqueado ni con palabras demasiado afectivas, porque en lo personal me cuesta mucho usar ese tipo de expresiones; sin embargo, tampoco utilicé ninguna palabra que lo lastimara. Siempre le hablé por su nombre, José, sin diminutivo.

Yo tenía muy presente que, no porque fuera un niño tenía menor valor; al contrario, merecía el mismo respeto, o incluso más que cualquier adulto. Siempre nos enseñan a respetar a los mayores, pero los mayores también debemos respetar a los niños. La mejor forma de enseñar es con el ejemplo.

Ya no estamos en la era en la que se creía que a punta de golpes y de forzarlo, el niño va a respetar a sus mayores; él va a aprender a respetar en la medida en que tú lo respetes. Se supone que el adulto es la parte consciente, es quien tiene la experiencia de vida que el niño aún no tiene. Si tu hijo te está faltando el respeto, ¿qué está pasando en casa?, ¿qué estás haciendo tú para que tu hijo te falte el respeto?

Respetar al niño es, no hablarle bobo, no consentirlo, ni chiquearlo, ni mimarlo, sino darle el trato que su inteligencia merece. El mismo Dios que te creó a ti lo creó a él, y el mismo valor que tienes tú como ser humano lo tiene él.

Yo no sé qué es lo que hace a los adultos sentirse de más valor que los niños; ¿será por aquello de que "los mantienen"? ¿qué nos hace pensar que los niños nos "deben" respeto? Simplemente, si en casa se respeta al niño, él nunca va a aprender a faltarle el respeto a nadie; así comenzamos, respetándolo desde que es un bebé.

En una ocasión conocí a una señora que acababa de tener a su hijo; era un niño muy hermoso, no lo puedo negar, pero cada vez que alguien llegaba a visitarla, ella iba y lo despertaba para que la visita lo viera y admirara sus hermosos ojos. Yo entiendo que la mamá se sintiera como un pavorreal, pero es una falta de respeto interrumpir el sueño de un niño; si a cualquiera de nosotros nos despertaran de ese modo, nos molestaríamos mucho.

Ahí es donde comienza el respeto, si tu visita llegó y tu bebé está dormido, pues no le tocó conocerlo o puede hacerlo después. Envíales una foto, ¡qué sé yo! En detalles tan pequeños vamos formando el destino de nuestros hijos, su camino y su carácter. Ten siempre presente que la paciencia de tu hijo tiene un límite, porque él es un individuo, tiene libre albedrío y voluntad propia; en base a eso él va a tomar sus decisiones, y debes respetarlas.

Tu hijo no va a ser lo que tú quieres que sea; no viene a curar tus traumas, no va a hacer lo que tú no hiciste, no va a ser la proyección de tus fracasos ni de tus esperanzas, no viene a cumplir tus expectativas y mucho menos a llenar tus carencias. Si planeas tener un hijo para evitar tu soledad, mejor no lo tengas y evítale esa carga; un hijo viene para ser respetado, amado y cuidado dentro de una familia.

Cuando te sientas lo suficientemente fuerte para ser mamá o papá y traer un ser al mundo, ¡hazlo! Si tienes el deseo, pero no te has preparado, aprende en el camino; si no te preparaste antes ni durante, prepárate hoy. No importa si tu hijo ya tiene 15 o 20 años; si hoy estás recibiendo este mensaje, empieza por curarte tú, por reconciliarte tú.

Recuerda que nunca es tarde, y antes de ser padres, fuimos hijos. Siempre he procurado el respeto hacia mi hijo, no solo de mi parte, sino también de todos quienes lo rodeaban; sin criticar, sin pelear con nadie, sin imponer nada; solo cuidando los pequeños detalles.

Recuerdo que en una ocasión alguien me preguntó, "¿por qué no te comes las sobras de la comida de tu hijo? Y mi respuesta fue, "porque son de él; yo tengo mi comida, que es la mía". Muchas mamás saltan de su plato al plato de sus hijos, y después los culpan a ellos de su sobrepeso, ¿qué mensaje les están dando? No tiene sentido quejarse de estar con sobre peso, si no son capaces de mantener la conducta necesaria para verse y sentirse como en realidad desean.

Otra pregunta que recuerdo es, "¿por qué no le das a tu hijo comida de tu plato?, y mi respuesta fue, "porque yo le quiero poner picante a mi comida y no le puedo dar picante a un bebé; entonces lo mejor es que él coma de su plato y yo del mío". Se nos hace más sencillo sentarlos en nuestras piernas y que coman de nuestro plato, pero así es como desarrollamos apegos y relaciones tóxicas. Tu hijo tiene derecho a comer de su propio plato y a tener su lugar en la mesa como todo el mundo.

Si él tiene su lugar y tú el tuyo, se sientan uno junto al otro, pero con autonomía, se empieza a crear esa conciencia del mundo en que vivimos, de la sociedad en la que estamos y que nos exige comportarnos y adaptarnos. El hecho de tener su propio plato le dice al niño que tiene derecho a su propia individualidad y al mismo tiempo le enseña a socializar; así comienza a formar su carácter.

Si has sido de las personas que sientan a sus hijos en sus piernas y los alimentan de su propio plato, recuerda que nada en esta vida, nada de lo que puedas leer aquí, nada de lo que escuches, es para juzgarte o condenarte. No existen las verdades absolutas; todos reaccionamos de manera distinta y tenemos que aprender a lidiar con lo que ya hicimos, así que no te sientas culpable y reconoce lo que puedas mejorar de hoy en adelante.

Seguramente te preguntarás, "¿por qué no comencé a respetar la individualidad de mi hijo desde que era más chiquito?", sin embargo, comenzar ahora siempre será mejor que no hacerlo nunca; recuerda que, son los pequeños detalles los que van formando el carácter de tu hijo; a fin de cuentas, lo más importante son tus buenas intenciones.

Si tienes una foto con tu hijo sentado en tus piernas, comiendo de tu plato, siempre será un bello recuerdo para él. Dicen por ahí que, el inteligente aprende de sus errores, pero el sabio aprende de los errores de los demás. Como madres, siempre estamos recibiendo información, ya sea de otras mamás, abuelas, hermanas, cuñadas, vecinas, etc., seguramente tú también pasaste por esto; tus hijos ya son más grandes; pero debes saber que, es sano permitirnos aprender y pedir opiniones; sin embargo, somos seres individuales y debemos tomar nuestras propias decisiones.

Cuando escuches un consejo, analiza si aporta algo positivo para la educación de tus hijos. Como madre o padre, la decisión es tuya, y no necesitas dar explicaciones; simplemente, no repitas un patrón porque alguien te lo sugirió.

En una ocasión, un amigo que tiene dos hijas, me contó la siguiente anécdota, "llegó mi hija mayor y le jaló el cabello a la más pequeña, y esta salió a corretear a la hermana hasta que la alcanzó y le pegó. La mamá sólo vio el momento en que la hermana mayor era golpeada por la pequeña, y sin preguntar qué había pasado, vino a pegarle a la pequeña para castigarla". Esto es muy común, y seguramente todos tenemos una historia parecida, ¿a quién no le pegaron por culpa de sus hermanos?

Los adultos solo ven una versión de la historia, pero si tú ya lo viviste, ¿por qué no te sientas y escuchas ambas versiones antes de juzgar, de reaccionar y golpear?, ¿cuántas veces hemos pasado por algo semejante y cuántas veces vamos a permitir esas situaciones? Si alguna vez te castigaron injustamente por culpa de tu hermano, no cometas tú el mismo error con tus hijos; cuando surja algún altercado, siéntalos y escúchalos a todos por separado.

Otro terreno para re-inventarnos es el de las comidas. Cuando mi hijo empezó a comer, nunca le di comida enlatada; siempre le cociné, pero no fue algo que yo le impuse. De hecho, le di a probar comida enlatada y le dije, "pruébala si quieres" pero, afortunadamente no le gustó. Yo le preparaba todo en casa, él me acompañaba a comprar los vegetales y las frutas. Mi filosofía es que no le des nunca a tú hijo algo que tú no te comerías, sólo porque te hayan dicho que es sano.

Cuando tú comes brócoli y tu hijo te mira, pregúntale si quiere, y si lo acepta, la próxima vez se lo pones en su plato; es tan simple como eso, pero jamás se lo impongas. Una de las cosas que a mí me funcionó muy bien para comunicarme con mi hijo fue inventarle analogías o usar caricaturas para explicarle algunas cosas; y algo muy importante que debes cuidar es que las analogías que uses sean acordes con su edad.

La analogía más común que yo usaba era la de las espinacas y Popeye, le decía que, si comía esas hojitas verdes, se iba a poner fuerte y grande como él. Y así como esa, había muchas otras. Recuerdo una que decía, "¿cuándo has visto a un conejo con lentes?", se supone que los conejos comen zanahoria y por eso mantienen sus ojos sanos; entonces, si no quieres usar lentes, ¿por qué no intentas comer zanahorias? Si tu hijo no quiere comerlas, anímalo a que por lo menos las pruebe, pero no lo obligues.

El motivo por el que de adultos odiamos ciertas cosas es, porque nos marcaron en la niñez, aunque a veces no las recordemos específicamente; a mí, por ejemplo, de niña me obligaron a comer calabazas.

Puede pasar que ni buscando analogías logres que tu hijo quiera comerse algo, simplemente porque no le gusta; entonces, busca opciones, seguramente hay otras frutas, otras verduras que tienen los mismos nutrientes; no lo obligues a comerse lo que no le gusta, recuerda que es un ser único e individual, con libre albedrío y voluntad propia.

Como madre, quieres darle a tu hijo lo mejor; pero hay comidas que a los niños no les van a gustar nunca; es más, hay comidas que a ti no te gustan y por eso nunca las preparas, pero te puedes llevar la sorpresa de que a tu hijo le fascinen. Entonces, como decimos en México, tienes que hacer "de tripas corazón" y no solo prepararlas para él, sino ver que se las coma, sin juzgarlo ni decirle, ¡¿cómo te puedes comer eso!?

Recuerda siempre que, el secreto del respeto está en dar el ejemplo; si a ti no te agrada que te hagan ese tipo de comentarios, entonces tú no lo hagas. En nuestro caso, fue con los huevos duros; yo no los puedo ni oler, y nunca en mi vida me hubiese imaginado que a mi hijo le iban a gustar tanto. Los probó por primera vez con su abuela paterna; yo me quedé viendo cómo se los comía, y pensé, "le gustan los huevos, y cuando quiera y como quiera se los puede comer; y yo no lo voy a juzgar, y así ha sido hasta hoy; ni trauma para mí ni trauma para él.

Respetar a tu hijo es, conocer lo que le gusta y lo que no le gusta, pero siempre estar a favor de lo que le haga bien; no te vayas por el camino fácil de que, si no le gustan las frutas, le vas a comprar un juguito embotellado, o que, para no pelear con él tienes que comprarle una pizza. Ser mamá implica mucho trabajo y no hay retiro; si piensas que algún día vas a descansar, lamento decirte que eso no va a suceder.

Para ser madre no hay camino fácil; todos queremos siempre lo más rápido, lo más práctico. Inventaron el microondas, la comida congelada y los enlatados; aparentemente nos han "facilitado" el camino, pero las cosas importantes de la vida, requieren de procesos.

No hay atajos para ser una buena mamá; te va a tocar aprender y lidiar con tus decisiones; no vengas a culpar al niño de que a él no le gustan las verduras, de que a él no le gusta comer sano y solo quiere pizza, hot dogs, cereal y macarrones con queso.

Está comprobado que ningún bebé ha desarrollado el sentido del gusto al nacer; si lo tuviera no se tomaría la fórmula láctea; ¿la has probado?, ¡sabe terrible!, ¿cómo se explica que un niño al que no le gustan las verduras, sí se tomaba la fórmula?

Revisemos algunos hechos, ¿tú le preparaste a tu hijo la papilla de frutas, o le compraste una ya preparada, saturada de azúcar? Si tu respuesta es la segunda, hoy debes saber que no fue la mejor opción.

Muchos de los productos que les damos a nuestros hijos, lo hacemos hipnotizados por los medios de comunicación; creemos ciegamente en todo lo que nos dicen, y nunca se nos ocurre tomarnos el tiempo para leer los ingredientes y averiguar su contenido. En algunos casos nos venden la idea de que tienen vitaminas y minerales, que los niños crecen más sanos y fuertes, y bla, bla, bla; pero en realidad son una bomba para el sistema endócrino y convierten a los niños en adictos al azúcar.

Por amor a nuestros niños, tenemos que asumir la responsabilidad de leer las etiquetas y aprender a identificar los ingredientes que van a entrar en sus cuerpecitos. Hace muchos años escuché a una doctora decir que no hay que ser médico, ni haber terminado una carrera universitaria para saber elegir qué comer. Lo que sí tenemos que hacer es documentarnos.

Aquella doctora (*) nos explicó que, en la etiqueta de un producto te pueden decir que, es 100% natural, pero si encuentras 5 o más ingredientes que no puedes pronunciar, no te lo comas, pues eso significa que contiene demasiados componentes sintéticos.

Hoy en día, también tienes la opción de averiguar en tu computadora, o incluso en tu teléfono, acerca de algún ingrediente si no sabes lo que es, y rápidamente tomar la decisión de si se lo das o no a tu hijo; lo que no debes olvidar es que cualquier decisión que tomes, va a ir abriéndole camino y ayudándolo a construir su carácter. Esto es así desde que tu hijo es un bebé.

Si tú quieres hacer cambios drásticos cuando el niño ya tenga 8 años, va a ser más difícil tanto para ti como para él. Cuando llegue el momento de que tu hijo comience a ingerir alimentos sólidos, no te quedes mecánicamente con lo que viste en televisión, con lo que oíste en la radio o con lo que dijo la vecina; averígualo tú, responsablemente. Hasta los doctores se pueden equivocar; ellos siempre van a recomendar una marca o un producto específico, con la condición de que estén aprobados por la FDA (**).

El día que ese producto le haga daño a tu hijo, no vas a demandar al doctor, sino a la compañía; es por ello que los doctores siempre recomendarán productos aprobados por la FDA. Los productos que el doctor te recomienda no siempre son la mejor alternativa para tu hijo; al igual que con los alimentos, es importante leer también las etiquetas de los medicamentos antes de tomar la decisión de darle algo a tu hijo, y después de conocer las implicaciones de esas substancias, hazte varias preguntas, ¿me lo comería yo?, ¿me lo tomaría yo?, ¿quién se hace responsable en caso de que un alimento o medicamento afecte la salud de mi hijo?, también se le deben hacer preguntas al médico, por ejemplo, ¿hay otro medicamento sin tantos efectos secundarios?

Yo he visto a muchas mamás darles dulces a sus hijos mientras les dicen, ¡no sé cómo te puedes comer esto! La cuestión no es si estás o no de acuerdo con que tus hijos coman dulces; la cuestión es, si tú no te comerías eso, ¿por qué permites que tú hijo lo haga?, ¿quién es el adulto?, ¿quién compra los dulces?

(*) **Rosa Argentina Rivas Lacayo. México. Lic. En Bellas Artes y Psicoterapeuta Clínica, Logoterapeuta y Psico-oncóloga.** Ella dijo: "si en el envase hay más de tres cosas que no puedas pronunciar, no te lo comas".

(**) **FDA: Agencia del gobierno norteamericano que regula los alimentos, medicamentos, cosméticos, aparatos médicos, productos biológicos y derivados sanguíneos.**

Si ya tienes un bebé o vas a tenerlo, has pensado ya en, ¿qué le vas a dar cuando comience a comer? Una frase muy común entre las madres hoy en día es "No tengo tiempo", y eso es muy contradictorio; dicen que no tienen tiempo porque necesitan dedicarse a cosas importantes; pero, ¿qué puede ser más importante que un hijo? Si realmente lo amas, ¿te parece lógico decirle que no tienes tiempo para hacerle de comer?, ¿qué mensaje le estas mandando?, ¿qué no es lo suficientemente importante como para merecer un tiempo extra de tu parte?

Tu desarrollo como mamá está allí, en ayudar a formar el camino de tu hijo. Si de bebé le compras a tu hijo comida especial, pero cuando crece te da pereza hacerle su comida, entonces estás actuando con egoísmo y con una gran incongruencia, y solo estás buscando tu comodidad, ya que primero lo acostumbraste a una cosa y de un momento a otro, lo obligas a acostumbrarse a otra, generando inconvenientes tanto físicos como emocionales en su vida futura.

Si tienes que hacer verduras para que tu niño pueda comer, el resto de la familia tendrá que comer verduras, porque lo más sano para tu hijo, es que vea que se hace una sola comida para todos, y así evitarás tener que cocinar un menú diferente para cada uno. A los 6 o 7 años, los niños empiezan a oponer resistencia y no quieren comerse lo que se cocina en casa; existe la opción de las sopas instantáneas, que les encantan y hasta ellos mismos las pueden preparar: sólo necesitan echarle agua y meterlas en el microondas, y tú les haces el enorme favor de sacarlas. Fácil, ¿no?, pero, en términos de nutrición, te invito nuevamente a que te tomes el tiempo para leer las etiquetas y calcular la relación costo-beneficio de ese tipo de opciones en la salud física y emocional de tu hijo.

Capítulo 5: La luz de la Esperanza

Al llegar a la etapa escolar, aparecen nuevos retos, tanto para el niño como para la madre. En mi caso, fue como otro nacimiento; resurgieron muchos miedos y me tocó otra vez trabajar mi desapego. Después de 4 años y 9 meses (incluyendo el tiempo de mi embarazo), sin separarnos nunca, llegaba el momento de tener que dejarlo en su escuelita. He visto a muchas mamás llorar el primer día, ¡y ni hablemos de los niños!; llora uno, y todos los demás que iban contentos, empiezan a llorar también; es todo un concierto de alaridos.

Quien no ha vivido esto, se ha perdido de una parte muy valiosa de lo que es ser padre o madre; surge nuevamente la necesidad de cortar el cordón de la dependencia emocional, necesitas volver a ejercitar el desapego, para no crear esas relaciones tóxicas que limitan a los hijos y no les permiten madurar.

Se recomienda que, en la medida que puedas, busques la manera de ser voluntaria e involucrarte en la formación de tu hijo; aquí, no hablo de educación, sino de un proceso más complejo que comienza contigo en casa y que abarca todas sus facetas como ser humano, miembro de la sociedad, individuo e hijo.

Involucrarte en la formación de tu hijo incluye, conocer a la maestra, preguntarle qué temas verán esta semana y cómo puedes ayudar, visitar el salón de clases para que veas cómo es el ambiente, cuántos niños hay y cómo se llaman sus amiguitos.

Esto fue todo un reto para mí, porque nosotros acabábamos de llegar a este país; mi hijo había cumplido 3 años en enero del 2004, y nosotros viajamos a mediados de abril, así que para agosto del 2005 ya le correspondía entrar al año escolar. En resumen, él estuvo todo ese año conmigo, y nos apegamos más que nunca el uno al otro.

Cuando mi hijo nació, vivíamos en casa de mis padres; allá todas éramos mujeres y, por si fuera poco, mis sobrinas eran también niñas, así que después de mi papá, mi hijo era el único otro hombre en casa.

Es un secreto a voces que las mujeres se desarrollan mucho más rápido que los hombres en todos los sentidos; ese fue otro de los retos que yo me encontré, pues el desarrollo de mi hijo era más lento que el de mis hermanas y eso hacía que se viera más lento o menos inteligente, al punto de que, mi mamá comenzó a insinuarme que él podía tener problemas de retraso, que probablemente sí le afectó la complicación en el embarazo, que no se terminó de desarrollar bien, y otros comentarios de ese tipo.

Yo misma comencé a pensar que, tal vez, mi hijo tenía algún problema psicomotor, porque en efecto él tardó mucho más que las niñas en caminar, tardó más para hablar y para agarrar la cuchara por sí sólo. Mi hermana me decía, "mi hija a los tantos meses ya lo hacía y el tuyo tiene tantos y no lo ha hecho".

Yo albergaba mis dudas, sin atreverme a compartirlas con nadie, pero, sobre todo, me afectaba la opinión de mi mamá, ¿cómo dudar de alguien que daría la vida por ti y que además tuvo 8 hijas?, ¿cómo iba a cuestionar su opinión y su experiencia? Era mi mamá, y lo que una mamá dice, es ley.

Cuando llegué aquí (USA), me surgió una gran incertidumbre, y me empecé a hacer preguntas como, "¿aceptarán a mi hijo en la escuela?, y si no es normal, ¿qué voy a hacer? Un día salimos a jugar y nos encontramos con una vecina y su hijo, comenzamos a platicar y me preguntó: —¿Qué edad tiene su niño?

—3 años —le contesté—.

—Ah!, ya tiene que entrar a la escuela para el próximo ciclo escolar.

—Sí —le respondí— pero, le soy sincera, no tengo idea de cómo hacerlo.

Como un ángel bajado del cielo, ella me dijo:

—Usted no se preocupe; inscríbalo en Head Start (***); es un programa privado pero gratuito, porque trabaja con fondos de personas que hacen donaciones. Allí estudia mi hijo.

(***) Head Start es un programa federal dirigido a niños de edades comprendidas entre tres y cinco años de edad y a sus familias. El principal objetivo de Head Start es ayudar a los niños con discapacidades y de familias de bajos ingresos a estar preparados para la vida académica.

—¿Qué tengo que hacer?

—Vaya a la escuela, pida una solicitud, llénela y vuélvala a entregar

—¿Dónde queda la escuela?

Nos pusimos de acuerdo para ir juntas; ella me acompañó, buscamos la solicitud y luego la entregamos.

Mi hijo quedó en lista de espera. Ya habían comenzado las clases y no habíamos recibido respuesta; mi vecina fue a ver a la maestra de su hijo y le preguntó:

—¿Qué pasó con la solicitud de un niño llamado José?

La maestra revisó la carpeta de solicitudes y le respondió:

—Está de tercero en la lista de espera, pero sólo tenemos una vacante.

Mi vecina miró las planillas y descubrió un detalle sorprendente y comentó:

—Hay un error en las fechas; la planilla de José fue introducida antes que las demás. Si sólo hay un cupo, por la fecha, le corresponde a él.

La maestra se fijó bien y exclamó:

—¡Tiene usted razón!

Me llamaron y me dijeron que tenía una entrevista para una vacante; fui con mi hijo el día y la hora pautados, y lo aceptaron. Uno de los requisitos para que él entrara allí era que yo me hiciera voluntaria en su salón; eso fue lo mejor que nos pudo ocurrir. Yo aún tenía el temor de que algo le estuviera pasando a mi hijo por su desarrollo tan lento, y aproveché la oportunidad para plantearle mis dudas a la maestra.

Ella no hablaba español y yo no hablaba inglés, pero su asistente era nuestra traductora; ambas me dieron esa gran oportunidad de hacerles todas las preguntas que yo quisiera, y en verdad que fueron muchas.

Recuerdo que comencé por preguntar qué tan difícil era que mi hijo estudiara en este país; ella me explicó que hasta la High School, la educación era gratuita, me dijo: no tendrás ningún problema; no te van a pedir nada. Estudiar es un derecho. Eso me dio un alivio enorme.

Yo no tuve una educación universitaria, porque mis padres pensaron que no la podían pagar. Existe la falsa creencia de que hacer una carrera universitaria es muy caro y prácticamente imposible; ese fue el patrón con el que yo crecí, y ahora debía superarlo para que no afectara a mi hijo.

Tenía dos cosas que superar: 1. La creencia de que, por yo no haber ido a la universidad, mi hijo tampoco podría hacerlo y 2. La creencia de que, por ser inmigrantes no podríamos superarnos.

Esos miedos no me permitían visualizar posibilidades a futuro; me sentí mucho mejor después de consultar con las maestras y enterarme de que sí teníamos opciones, ya que había organizaciones y empresas privadas que becaban a jóvenes que tuvieran muy buen nivel académico; se había encendido una luz.

El miedo y la preocupación nos paralizan; es necesario aprender a manejarlos y actuar a pesar de ellos, en lugar de reaccionar de forma irracional o simplemente dejarse vencer. Las maestras me dijeron:

—Si tu hijo decide ir a la universidad, tiene derecho a una beca por el simple hecho de haber estado en Head Start; ellos se van a comunicar contigo cuando llegue el momento.

No me dijo más; no me explicó si era una ayuda parcial o si cubrían toda la escolaridad, pero me dio una esperanza; había una posibilidad de que mi hijo fuera a la universidad, y eso para mí fue suficiente. Era distinto en México, pues habíamos nacido allá y yo sabía que él tenía derecho a entrar a las universidades públicas que, de hecho, son las más prestigiosas del país; pero una vez que nos vinimos a los Estados Unidos, aparentemente, lo teníamos todo en contra: nuestra condición de inmigrantes, el estatus económico de personas recién llegadas, que es de menos cero, sin trabajo y con deudas; no cuentas con nada ni con nadie más, y sólo tienes la ropa que traes puesta.

Cuando ella me dijo que había empresas que becan a jóvenes con un buen historial académico, yo me dije, "entonces, está en mis manos; yo lo voy a apoyar para que tenga el mejor historial académico y podamos conseguir esa beca". Empecé a ir de voluntaria casi todos los días, y me ofrecí para ayudar a las profesoras en todo lo que pudiese; yo quería aprender de ellas todo lo que fuera necesario para impulsar a mi hijo.

Las clases en el programa eran sólo de lunes a jueves, y una vez al mes la maestra iba a nuestras casas a interactuar con el niño y su familia; regularmente con las mamás, pues los papás casi siempre estaban trabajando, pero eso era suficiente para ellas. Yo aprovechaba esos momentos de las visitas en el hogar para plantearles todas mis inquietudes.

En una de esas visitas las maestras llegaron con un cartoncito donde estaba dibujado un pavorreal; el cartón tenía hoyitos y ellas traían una aguja de plástico y un cordón de colores. La maestra le entregó a mi hijo el cartón y la aguja con el hilo, y le dijo que tenía que introducir la aguja en cada huequito, meter el hilo por una cara y sacarlo por la otra, y así consecutivamente hasta que le diera la vuelta al cartón. Mi niño no pudo hacerlo.

Yo lo veía intentar y no poder coordinar para introducir el cordón en su sitio, y reviví el recuerdo de mi mamá diciéndome que ese niño era raro. Mis dudas volvieron a aparecer, y creo que mi preocupación fue evidente.

A veces nuestras expresiones revelan nuestros verdaderos pensamientos, y los niños son especialmente sensibles a ello. No hace falta usar golpes o palabras para lastimar; basta con un simple gesto.

Cuando muestras desánimo, desaprobación o decepción es porque estás dando algo por hecho; te lo digo porque fue mi caso, no soy perfecta y cometí errores de este tipo. En ese momento, recuerdo que pensé, "¡Ay mijo!", y bajé los hombros. La maestra no me vio, pero mi hijo sí; él estaba justo en ese momento en que los niños quieren llorar porque no pueden hacer algo y se frustran. Sin embargo, la maestra no se inmutó; era una señora con mucha experiencia, a punto de jubilarse, después de haber trabajado durante muchos años con niños de la edad de mi hijo.

Sin modificar para nada su expresión, ella le dijo: "a ver, permítemelo". Tomó el cartoncito, le quitó el hilo que mi hijo torpemente había enredado, y simplemente se lo entregó de nuevo, pero invirtiendo esta vez el cartón con la derecha y la aguja con la izquierda, y le dijo: "inténtalo otra vez". Yo me quedé boquiabierta cuando vi que mi niño logró de inmediato hacerlo. La maestra me miró relajada y me dijo, "es zurdo".

Cuando vi que mi niño pudo armar todo con el lado izquierdo, mi frustración se convirtió en alivio y decidí platicarle a la maestra sobre mis temores; me atreví a contarle lo que yo sentí al ver que mi niño no podía, y las sospechas de mi mamá. Con toda la paciencia del mundo y sin entrar en mi frecuencia neurótica, ella me respondió: lo que sucede es, que un niño zurdo en un mundo de diestros aparenta ser más lento.

Fue todo lo que necesitó decir para cambiarme la vida, mi hijo no tenía ningún problema, simplemente era un niño zurdo de 4 años en un mundo de diestros donde además todas éramos mujeres; al intentar hacer las cosas imitándonos a nosotras, no podía coordinar y se frustraba. Era lógico que pareciera "raro" o "lento".

Me costaba creer que una simple hoja de cartón con hoyos, sumada a la experiencia de la maestra, hubieran bastado para resolver el enigma de la condición de mi hijo, además de haberme dado una gran lección de vida: en lugar de respetar la naturaleza de mi hijo, yo también lo había etiquetado, debido a mis propios anclajes emocionales, creencias, mitos y miedos.

En ese momento entendí que estábamos en el momento y en el lugar indicados; afortunadamente eso haría mucho más fácil poder trabajar con mi hijo desde sus circunstancias personales. Me estremecía al pensar en cuál hubiera sido su destino si nos hubiésemos quedado en México; sin ir tan lejos, su abuela paterna había "curado" a dos de sus hijos, que nacieron zurdos, obligándolos a escribir con la mano derecha, a punta de chanclazos. Eso te puede dar una idea de lo que le esperaba a mi hijo de habernos quedado allí.

Yo tenía miedo; estaba aterrada porque sabía que algo pasaba, y no quería repetir el patrón; estaba segura de que había opciones distintas para mi hijo, pero no sabía cuáles eran hasta que la maestra me lo explicó de ese modo tan sencillo. Se me iluminó mi vida; casi me hinco frente a mi hijo a pedirle perdón. Nunca se lo dije, pero lo sentí, lo pensé; "yo, su mamá, llegué a dudar de él por creer en lo que me decían los demás".

Al terminar la Head Start los niños salían para empezar el kínder. Por lo general, al finalizar el programa ya habían aprendido a leer al nivel de los niños de kínder, pero mi hijo ya leía al nivel de un niño de primer grado. Desde el momento en que supe que había opciones para él, dediqué toda mi energía para apoyarlo en su formación; por supuesto que no le hacía las tareas, pero siempre estaba ahí para orientarlo. Comencé a leerle y le inventaba historias, y él fue desarrollando un gusto enorme por la lectura.

Estando en el kínder, la maestra me dio una hoja y me explicó en un inglés que medio entendí que me estaban pidiendo la autorización para que mi hijo tomara la clase de lectura con los niños de primer grado. Yo le dije que no sabía que se podía hacer eso, pero que, si no había inconveniente, que adelante.

Fue un año muy bonito para él, tenía una maestra hermosa y estaba muy motivado, pues estando en kínder había comenzado a tomar clases avanzadas de lectura con los niños de primer grado, y cuando llegó a primer grado estaba leyendo a nivel de segundo; estaba en la capacidad de leer un libro por día, por supuesto, acorde con su edad.

Aquí comienza uno de los retos más grandes que me ha tocado vivir como mamá, poniendo a prueba todo lo que yo había pensado desde antes, incluso, de que mi hijo viniera al mundo. Voy a contar esa historia porque muchas mamás se topan con ese tipo de situaciones y se encierran en su mundo; permanecen lastimadas, pero no tienen ni idea del daño que causan a sus hijos por callarse, por no saber o no querer enfrentar la situación.

Antiguamente en México, los padres les daban permiso a los maestros para que golpearan a sus hijos; mi maestra de segundo grado llegó a darme coscorrones por no saber desarrollar una operación de matemáticas, pero otros tenían que enfrentar algo peor, gracias a una de las costumbres más retrógradas que tenían los maestros de nuestra generación, como era negarnos el permiso para ir al baño. Muchas veces la persona no lograba llegar a tiempo y tenían que pasar por el bochorno de hacerse pipí encima, como le ocurrió a uno de mis compañeros.

Cuando mi hijo empezó a ir a la escuela, yo tenía un miedo atroz de que algún maestro lo pudiese lastimar, ofender o golpear; yo sabía que en este país la educación era distinta, pero la repetición de patrones es inconsciente, y no solo ocurre de padres a hijos, sino también de jefes a subalternos, entre parejas, de profesores a estudiantes, etc., por esa razón, yo comencé a inculcarle a mi hijo y decirle que nadie lo podía tocar, porque él era un niño, y él o la maestra eran adultos, y entonces él estaba en desventaja. Le decía:

—Si alguien te pone una mano encima nunca dudes en contármelo, porque yo soy tu madre y tú eres mi hijo; yo siempre te voy a creer a ti, no a alguien ajeno a mi vida o a mi familia. Si un día ya no aguantas las ganas de ir al baño y la maestra no te da permiso, tú te paras tranquilamente y vas".

Él respondió asombrado:

—Pero, ¡me van a llevar a la dirección!

—¡Exactamente!, te van a llevar a la dirección y nos van a llamar; tú no tienes que decir nada, porque en ese punto nosotros nos vamos a encargar. No te vas a enfermar ni vas a pasar una vergüenza por tener que aguantarte las ganas de ir al baño.

Siempre que íbamos camino a la escuela, yo aprovechaba para decirle: "tú vales, mereces respeto, nadie te puede ofender, nadie te puede lastimar; si eso llega a pasar, tienes tu derecho, mi confianza y mi amor para que vengas y me lo cuentes; confía en mí, yo sabré cómo actuar". Nunca pensé que estando apenas en primer grado la vida me pondría a prueba.

Capítulo 6: Todo en su lugar

Todo empezó cuando la maestra de lectura de mi hijo no creyó en sus palabras. Él regresó de la escuela muy desanimado y me dijo:

—La maestra no me cree. Ella dice que yo no puedo leer un libro en un día.

Estamos hablando de que mi niño tenía en aquel momento 6 años, por lo que mi respuesta fue no darle tanta importancia y le dije:

—Si ella no puede creerte, el problema lo tiene ella, pero tú y yo sabemos que sí puedes. Si ella no lo cree es porque es ella quien no puede, y eso no tiene nada que ver contigo.

Él se tranquilizó, recobró su autoestima y siguió leyendo su libro por día. Sin embargo, el asunto no había terminado. Días después, mi hijo vuelve todo triste y me cuenta que la maestra lo había amenazado:

—Si vuelves a decir que leíste todo el libro, voy a llamar a tú mamá.

Yo le dije:

—Tú y yo sabemos que no tenemos nada que ocultar; ella tal vez no confía en ti, pero yo sí, y tú también. Nunca dudes de ti; la próxima vez, dile que no tiene que amenazarte; que me llame inmediatamente.

Yo me había empezado a preocupar. A la semana siguiente llegué a buscarlo y lo vi muy triste; le pregunté qué le pasaba y explotó en llanto. Me agaché para ponerme a su altura y lo abracé diciéndole: respira, cálmate, cuéntame por favor, ¿qué fue lo que pasó?

Al principio, el llanto no le permitía hablar, pero poco a poco se fue calmando y me pudo platicar lo ocurrido. La maestra de lectura lo había parado frente a todo el salón y lo había llamado "mentiroso", porque él había dicho que se leía un libro en un día, cosa que, según ella, era imposible.

Mientras lo escuchaba tuve que hacer un gran esfuerzo para no explotar de coraje; me fui con mi hijo al carro y me quedé un rato ahí, agarrada del volante, mientras mis emociones se calmaban. Por supuesto que yo quería bajarme, buscar a esa maestra y agarrarla a cachetadas, pero con eso sólo lograría perjudicar aún más a mi hijo, no sólo emocional sino también socialmente.

Tenía que controlarme; eso se llama inteligencia emocional: ser capaz de controlar tus emociones y no actuar por impulso, pues todo lo que digas o hagas bajo estados de euforia o de cólera, puede ser usado en tu contra cuando baje la marea. Comencé a respirar profundo para discernir qué hacer, pero lo único que se me venía a la mente era ir y enfrentarla, decirle barbaridades, quería que le quitaran la licencia de maestra, etc.

Si quieres elogiar a alguien, hazlo en público, pero si lo vas a criticar, hazlo en privado; (es lo que recomiendan los psicólogos, especialistas, terapeutas y líderes de superación personal más reconocidos). Mi hijo sabía que tenía mi apoyo incondicional, que yo nunca lo iba a juzgar y que siempre le iba a creer, pero para los niños de esa edad los maestros son superhéroes, incluso más que sus papás.

¿Cómo se atrevía esa maestra a poner en evidencia a mi hijo de esa forma ante todo el salón? Eso me encendió, porque ella había tocado un punto bien delicado que muchas veces como madres no sabemos manejar, y es la autoestima de nuestros hijos. Yo pude haberle dicho a mi niño: "pinche vieja loca; no le hagas caso, con que tú y yo sepamos la verdad es suficiente". Pero las cosas habían ido demasiado lejos, y lo sucedido podía marcar a mi hijo de por vida.

Cuando se me pasó el coraje pude pensar qué hacer, y le dije:

—Vente; vamos a la dirección, y cuando te pida que repitas lo que me has dicho, lo repites. De ahí en adelante no te preocupes, que quien va a hablar soy yo; no tengas miedo; lo peor que puede pasar es que te cambiemos de escuela.

Tomé su mano para que sintiera mi apoyo; entramos y pedí hablar con la directora. Expliqué la situación, pero ella me respondió:

—El niño está en esa clase porque es la más avanzada que hay para su nivel; si lo cambiamos, va a quedar en un nivel promedio, ¿quiere cambiarlo de todas formas?

—Sí —le respondí— quiero que me cambien al niño de clase para mañana mismo

Ella insistió:

—¿Está dispuesta a que el niño baje su nivel académico sólo por un malentendido?

—A ver —le dije— déjeme que le explique una cosa. Me acerqué a ella y con el mejor tono de voz que me permitían las circunstancias, le respondí: en la edad que tiene mi hijo, una A o una C, no van a hacer mayor diferencia; en cambio, cualquier cosa que afecte su salud psíquica y emocional, lo va a perjudicar de por vida. No me interesa una buena calificación si a cambio hay que sacrificar su autoestima; ¡usted lo cambia de grupo a partir de mañana, o simplemente yo lo cambio de escuela!, y necesito la respuesta ahorita mismo.

Todos nacemos con un potencial infinito como seres humanos, pero ese tesoro se va mermando por figuras influyentes (padres, maestros, hermanos mayores, líderes religiosos, etc.) que pueden dañar nuestra capacidad de grandeza con un simple comentario, con un gesto, con una actitud.

Lo que hace más grave el bullying es que precisamente proviene de personas significativas para el niño, como sus compañeritos de clases, sus maestros o sus familiares. Las estadísticas no fallan; ¿cuántos de los niños que entran a la Head Start o al kínder logran terminar una carrera universitaria?

Maestras como esa, están dentro de las principales causas de deserción escolar; eso era algo que yo no iba a permitir, y mucho menos de quien debería promover el deseo de un niño por aprender. Ella se metió con mi hijo, pero apuesto lo que quieras, que no fue ni el primero ni el último. Yo sólo podía accionar sobre lo único que tenía en mis manos, mi hijo.

Cuando me despedí de la directora, le dije, mañana no vengo sola, vengo con su papá, y si no lo han cambiado me lo llevo y lo cambio de escuela. Lo cambiaron al día siguiente. Nunca supe si aquella maestra se enteró de mi reclamo; mi hijo simplemente no entró nunca más a su clase. Me importaba mi hijo, no la versión, ni mucho menos la opinión de esa maestra.

Terminamos el año muy a gusto, rescaté la autoestima de mi niño, él supo que podía confiar en su mamá, y ahí seguimos. Para el año siguiente, llegamos a la escuela y al buscar en la lista qué maestra y salón le habían tocado, me dijo espantado, mami, es ella, me volvió a tocar.

No llegamos al salón; nos regresamos a la oficina y le dije a la directora, ¡o lo cambian de maestra o lo cambio de escuela! Años después me enteré de que, por lo menos, en el estado de Arizona, el fondo que el gobierno daba a las escuelas, se calculaba en base al nivel académico de los estudiantes; eso significaba que, mientras más niños con calificaciones sobresalientes tuviera una escuela, crecían sus posibilidades de recibir un aporte mayor. A ninguna escuela le convenía perder niños del nivel de mi hijo.

—¿Cómo que lo va a cambiar de escuela? —dijo la directora.

—Ahora mismo me pongo a investigar, y si no me lo cambian de salón, yo lo cambio de escuela. La autoestima de mi hijo es sagrada y no estoy dispuesta a permitir que ningún ser humano la afecte; ninguna calificación, ningún estudio académico, ninguna carrera universitaria, ninguna profesión va a definir el ser humano que él es, y mucho menos una maestra frustrada y sin vocación.

—Ok, usted tiene razón. En este momento no puedo darle respuesta; ¿le parece bien si le marcamos por teléfono cuando tengamos alguna propuesta?

—Está bien; lo que sí le voy a pedir es que sea hoy mismo, porque de lo contrario, mañana mismo busco una nueva escuela. No quiero que pierda ni un día más de clase.

Con esa postura nos fuimos, sin gritar, sin ofender, sin prepotencia, sin malas palabras, pero con determinación. Esa misma tarde me llamó la directora para confirmarme el cambio de aula, y luego me llamó la nueva maestra de mi hijo; me dijo:

—Estoy muy contenta y orgullosa de tener a un niño de ese nivel en mi clase, porque en realidad él estaba para un nivel más alto. Su hijo es bienvenido en mi aula, yo me siento honrada de recibirlo.

Al día siguiente fuimos a conocerla; allí comenzó una de las mejores experiencias académicas de mi hijo, pues no avanzó un año, sino 2 por delante de su nivel, y así se mantuvo hasta la High School.

Sacaba excelentes calificaciones y aparecía de primero en el cuadro de honor; sin embargo, yo siempre le dije que una calificación no lo definía, y que yo no lo iba a querer menos, ni más porque me trajera una A. Muchos padres les dicen a sus hijos, "si no haces lo que te digo, ya no te voy a querer"; "si no vienes, ya no te voy a querer"; "si no me apapachas, ya no te voy a querer". Aparentemente es un inofensivo juego de palabras, pero con el tiempo uno descubre cuánto daño hace.

Después del tercer grado, yo me cambié de casa y tuve que cambiar a mi hijo de escuela; él mantuvo sus buenas calificaciones e ingresó en un club de ciencias, con el que ganaron en un concurso distrital con su proyecto. Ese día, cuando íbamos a casa después de recibir su reconocimiento, le dije, ¿lo ves, hijo? Por momentos como este es que todos los esfuerzos valen la pena.

Mi afán era que él pudiera saborear los frutos de su esfuerzo; quería enseñarle que siempre podría lograr lo que se propusiera si trabajaba por ello. Quería que supiera que su mamá siempre iba a creer en él; juntos conquistábamos, día tras día, esas pequeñas metas que lo iban formando como ser humano.

Siempre mantuvo un excelente récord académico; sin embargo, estando en cuarto grado, comenzó a tener inconvenientes en un parcial; eso le produjo una gran frustración, pues era la primera vez que se enfrentaba a ese tipo de situaciones. Llegó a la casa a punto de llorar; cuando nos contó lo sucedido, su papá y yo nos reímos; ¿en serio? ¡bendito sea el cielo!, ¡eres normal!, ya nos estabas preocupando.

Hijo, todos tenemos errores, y el que ahorita tú no hayas podido lograr lo que querías, te demuestra que eres un ser humano; ¡eres normal!, ¡felicidades!

Al elogiarle su imperfección, le estábamos enseñando a ser flexible consigo mismo; suele pasar sobre todo con los primogénitos y con los hijos únicos, que les imponemos una carga enorme, tienen que ser perfectos, deben dar ejemplo a sus hermanos, que si el papá falta vas a ser el hombre de la casa, etc.

La presión que soportan es incalculable y nadie imagina cuánto daño les hace. Aceptar el fracaso como parte de la vida te ayuda a manejar la frustración, admitir una derrota entendiendo que no es más que un acontecimiento, una circunstancia que no determina el resto de tu vida ni te define como ser humano.

Mi hijo nos miraba desconfiado, como diciendo: ¿no me van a regañar?, ¿no los decepcioné? Con el tiempo entendió el mensaje: no lo íbamos a dejar de querer porque lograra o no una meta en su vida; si una no se cumple, no pasa nada, se cambia por otra y seguimos adelante.

Otro reto importante surgió estando en séptimo grado, porque como él iba dos años adelantado a su grupo, tenía también algunas clases del primer año de High School. Estaba cursando Álgebra 1, y de hecho la tenía aprobada con excelentes calificaciones, pero le informaron que tenía pendiente una prueba de Matemáticas 7, una materia que había cursado 2 años atrás; aprobar dicho examen era un requisito para que le acreditaran la materia actual.

Obviamente él tenía los conocimientos, pues de lo contrario no hubiera podido avanzar en las siguientes materias; sin embargo, cuando vio el examen se bloqueó, su mente se puso en blanco y no pudo resolverlo. La prueba estaba diseñada para hacerse en dos partes: un día haces la parte número 1 y dejas intacta la parte número 2 para resolverla al día siguiente.

Él salió muy frustrado y estresado, y me llamó a mi celular; me preocupó ver su llamada a esa hora, y más aún escucharle la voz. Aunque no estaba llorando, me di cuenta de que algo grave le pasaba, así que le dije: hijo, yo ya tenía varios compromisos para esta mañana, pero claro que voy por ti; sólo espérame que estoy lejos de la escuela.

Por su voz noté que algo no estaba bien, pero sentí que no era el momento de preguntarle qué había pasado; preferí esperar a que él decidiera cuándo desahogarse.

En cuanto se subió al carro empezó a llorar; yo intenté mantener la calma para infundirle confianza y le pregunté: ¿me quieres contar qué fue lo qué pasó?

Hay algo que es fundamental: para un niño siempre es más importante lo que siente que lo que piensa. Los adultos no le damos suficiente importancia a esto y hasta invertimos los valores, poniendo la lógica de nuestro cerebro por encima de nuestras emociones y sentimientos.

El cerebro es racional, básico, concreto; por esa razón, nuestra alma no se refleja en lo que pensamos o razonamos, sino en lo que sentimos. Muchas canciones y poemas lo dicen: escucha a tu corazón, hagamos lo que diga el corazón. Tal vez por eso no tomamos el asunto muy en serio; sin embargo, hay un punto de honor en materia de terapias, desarrollo personal, psicología y otras importantes disciplinas centradas en el ser humano: la raíz de muchas patologías está en, desvincular lo que se piensa de lo que se siente y de cómo se actúa.

Pensamientos, sentimientos y acciones deben estar alineados para que el espíritu pueda experimentar paz. Observando el silencio de mi hijo, le dije:

—Está bien; no hables ahora. Vamos a llegar a la casa.

Llegamos y él seguía hermético. Ven; siéntate. Nos sentamos en el sillón, hice que se recostara en mi hombro y le empecé a acariciar el cabello mientras le decía: ahora sí, cuéntame, ¿qué fue lo que pasó? Nuevamente comenzó a llorar, pero yo sin inmutarme continué: cálmate, respira, te escucho. Por fin habló:

—Es que no pude hacer mi examen de Matemáticas 7.

—¡Oh, hijo!, lo siento, ¿y eso por qué?

—No sé, no supe nada, no entendí nada.

Me quedé muy sorprendida; no me esperaba esa noticia. En ese momento comprendí que había sólo dos cosas que podía hacer: cerrar mi boca y permitirle que se expresara.

Él continuó:

—Si no apruebo Matemáticas, no me van a acreditar Álgebra 1, y todo mi esfuerzo no habrá servido para nada. Si no obtengo una buena calificación, no voy a poder escoger la High School que yo quiero, y voy a tener que conformarme con ir a la que me corresponde, y entonces no voy estar lo suficientemente preparado para la carrera que yo quiero.

Cualquiera que hubiera escuchado a un niño de séptimo grado hablar así, le habría dicho: no seas ridículo; estas en séptimo grado; tienes toda la vida por delante, relájate.

En cambio, yo conocía el temple de mi hijo; él sentía que su futuro se estaba derrumbando. Cuidando cada palabra, comencé a hablarle desde mi corazón:

—Ok, respira, cálmate, escúchame: toda esa información ya está dentro de tu cabeza; si no fuera así, tú no estarías cursando Álgebra y obteniendo además buenas calificaciones. Tal vez eso te ocurrió porque hace 2 años que no ves esos temas, pero no es que no los sepas, sino que tu cerebro se bloqueó. Es como la computadora cuando se congela, que por más que presiones todas las teclas, no consigues hacerla funcionar, pero eso no significa que la información no esté ahí; no se ha ido, sólo necesitamos ayudar a tu cerebro a desbloquearse, así que cálmate.

Yo había dejado algunos asuntos pendientes para poder ir por él a la escuela, entonces se me ocurrió decirle: cuando me llamaste tuve que desviarme, pero ahora debo ir al banco. ¿Qué te parece si mientras yo voy, tú te bañas?, es más, dime: ¿qué se te antoja para comer?

—Un sándwich de albóndigas.

—¡Ok!, entonces, mientras te bañas, voy al banco y aprovecho para comprar las cosas para tu sándwich.

Saqué un frasquito de aceite de aromaterapia y se lo di y le dije: en cuanto regrese seguimos platicando. Por ahora no pienses en nada; cuando termines de bañarte, frótate con una gota de esto en las sienes y en tus manos, y no te preocupes, vamos a encontrar qué hacer.

Regresé y le preparé su sándwich:

—Ven, come.

—Pero es que, ¡mamá!

—¿No quieres comer?

—No, es que estoy pensando; lo de hoy no fue lo peor, sino que, todavía me falta presentar mañana la otra parte del examen.

—A ver, ven, siéntate, dime una cosa: ¿qué es lo peor que puede pasar si tú no contestas ese examen?

—Ya te dije, no me van a dar los créditos de Álgebra y todo mi esfuerzo se habrá ido a la basura; nunca voy a poder entrar en la carrera que quiero.

—Ok, ¿estás seguro de que eso es lo peor que puede pasar?

—Sí

—Muy bien. Ahora, te pregunto, ¿qué posibilidades hay de que mañana contestes todo el examen?

—No te dejan, solo te dejan responder la parte que te corresponde.

—¡Ok!, entonces, en lugar de preocuparnos, vamos a ocuparnos. Ve a buscar tus apuntes pasados; te aseguro que vas a encontrar las respuestas, porque ellas ya están ahí; sólo debes relajarte para que puedas desbloquear tu mente.

Después de comer, buscamos sus apuntes de 2 años atrás y comenzó a repasar. Yo le propuse una estrategia: mañana, cuando llegues al examen, olvídate de la parte número 1 y dirígete a contestar la número 2. Sólo si te sobra tiempo, te regresas a contestar la parte número 1, pero no comiences por ahí, porque corres el riesgo de que falles todo el examen. Esta vez vamos por una calificación que simplemente te permita pasar la materia; no vamos por la A, vamos por la mínima para que no repruebes; esa será nuestra A en esta ocasión.

Su semblante se relajó como si le hubieran quitado una tonelada de encima; durmió tranquilo, y a la mañana siguiente hizo todo tal y como lo habíamos acordado: entró a su examen, resolvió la parte número 2 y luego tuvo suficiente tiempo para resolver la parte número 1.

¿Qué creen que pasó?, pues sacó una A. Al eliminar el estrés, la información que ya estaba dentro de su cabeza se desbloqueó y su cerebro pudo realizar las conexiones neuronales correctamente; haber eliminado el miedo y la tensión fue determinante para lograr ese resultado.

Capítulo 7: Nunca es tarde para el Amor

Me voy a regresar un poco en el tiempo; suele pasar en la primaria e incluso en el kínder, que algunos niños no entienden la tarea. La mamá se acerca a ayudar y lo único que ve son bolitas y palitos; entonces piensa: no puede ser que no sepa cómo hacerla. Por supuesto que siente cierta desesperación, porque ella sabe la respuesta, pero debe dejar que el niño la encuentre. Yo lo viví con mi hijo cuando él tenía 6 años; sé lo que es verlo sudar, llorar y frustrarse por no poder superar ese reto.

Recuerdo un día en que le dije:

—Ok, ¡basta!, y le cerré la libreta. Ahorita vas a ir a bañarte, pero con el agua más fría que puedas soportar.

—Pero mamá, es que la tarea, la tengo que terminar para mañana.

—Ve a bañarte con agua fría y luego hacemos la tarea.

Salió de la ducha y ya venía a retomar la tarea; entonces le dije: sal a jugar un rato. Cuando regreses de jugar haremos la tarea, te prometo que te voy a ayudar, no te preocupes.

Él se fue, niño al fin. Cuando regresó, abrió su libreta y yo me senté junto a él; entonces vi cómo resolvió la tarea sin yo tener que decirle ni una sola palabra. Suena sorprendente, pero es normal.

Está comprobado que altos niveles de estrés reducen la oxigenación en tu cerebro y en todo tu organismo. Cuando en las grandes empresas hay asuntos importantes que resolver, una estrategia es tomarse un descanso y oxigenar el cerebro antes de continuar con las actividades.

Nuestra generación no tuvo la suerte de saber eso; recuerdo que mi papá tenía batallas campales con mis hermanas porque no entendían una tarea "tan sencilla", y les decía: ¡ya te lo dije mil veces!, ¿no estás viendo que 2 + 2 son 4?

Esos momentos en los que mi hijo se topaba frente a frente con sus propias limitaciones, eran la oportunidad perfecta para yo repetir ese patrón con el que crecí; hubiera sido fácil, pues obviamente la tarea de un niño le puede resultar hasta ridícula a un adulto.

Lo realmente significativo es que te sientes junto a tu hijo y le apoyes mientras él aprende. Los métodos tradicionales se basaban en el terror; hace poco vi un video en el que un padre enfurecido le pregunta a su hijo:

—¿Cuánto es 5 x 8?

—¿40? —responde el niño asustado.

—¡Sí! ¡40!, y 40 golpes te voy a dar si ahora no me respondes, ¿cuánto es 8 x 5?

El niño temblando responde que no sabe cuánto es 8 x 5; que sólo sabe cuánto es 5 x 8. El cerebro es como una computadora o un teléfono: cuando se sobrecalienta, ya no trabaja bien; por eso animé a mi hijo para que se bañara y saliera a jugar. ¡Santo remedio!

El 95% de los padres optan por enseñar de la misma forma en que aprendieron, pero los seres humanos no sólo tenemos la posibilidad de aprender de nuestros errores, sino que también podemos aprovechar los errores de los demás; lamentablemente, en lugar de eso optamos por burlarnos, perdiendo esas oportunidades valiosas que nos ofrece la vida para crecer y avanzar.

Estando en la secundaria, uno de los maestros quiso castigar a uno de mis compañeros, diciéndole: vaya y me le da 3 vueltas a la cancha, para que oxigene su cerebro. Esa frasecita, dicha entre la burla y el castigo, me enseñó que muchas veces las mejores cosas pueden estar disfrazadas justamente de lo contrario.

Puede que no me creas a mí, pero seguramente le creerás a Jürgen Klaric (*), quien afirmaba: Cuando estén negociando un contrato o definiendo un proyecto y no logren ver las salidas, abran las ventanas, salgan a respirar; oxigenen el cerebro y regresen a trabajar, les garantizo que funciona.

Mi niño siempre fue hiperpasivo, al punto de que mi mamá había pensado que tal vez no se estaba desarrollando adecuadamente. En mi casa éramos ocho mujeres, y obviamente el primer niño parecía raro; todas veíamos que su desarrollo era como más lento. Mi mamá me decía: este niño está mal: no juega, no hace travesuras, no hace berrinche, algo está mal en él.

(*) Autor del libro "Véndele a la Mente y No a la Gente", basado en los principios de la neurociencia aplicados al marketing.

Sus juegos tampoco son normales; tus hermanas y hasta tú misma eran mucho más despiertas a esa edad, y se supone que las niñas son más tranquilas.

Yo empecé a llenarme de miedo y hasta caí en el error de estigmatizarlo; luego descubrí que simplemente era hombre, y que los hombres se desarrollan más lentamente que las mujeres. Por si fuera poco, se sumaba a esto su condición de niño zurdo, que lo hacía parecer más lento en un mundo de diestros, pues su cerebro captaba las cosas de forma diferente.

Mi hijo ya había cumplido 7 años y yo seguía preocupada por su hiperpasividad; en mi afán de buscar soluciones, conversaba al respecto con todas las personas que podía, procurando alguna pista que pudiera ayudarme a encontrar la respuesta. Así, por ejemplo, alguien me habló de buscar terapias, por si el niño estuviera deprimido, y fue entonces cuando me enteré que existía la depresión infantil, sólo que es muy poco común y con frecuencia la dejamos pasar, e incluso la menospreciamos, aun cuando constituye un estado mental muy peligroso no solamente en los niños, sino también en los adolescentes y en cualquier ser humano.

Mi preocupación se incrementó, y comencé a pedirle a Dios que me diera alguna respuesta. Un día, una querida amiga vino a visitarme y a platicar conmigo; ella percibió mi preocupación y me preguntó a qué se debía. Entonces me desahogué:

—Se trata de mi hijo, creo que algo anda mal, sus actividades, sus juegos, sus travesuras; no son como las de otros niños de su edad. Tengo miedo de llevarlo al psicólogo y confirmar que sufre algún tipo de retraso, o que está deprimido.

Ella me respondió: al psicólogo deberías ir tú y todos los que te dicen que tu niño está mal; a él no le está pasando nada, no es depresivo ni tiene ningún retraso; simplemente es flemático, así que déjalo en paz.

Al ver mi cara de confusión, me explicó con suavidad:

—Mira, para que realmente puedas conocer y aceptar a tu hijo, de entrada, vas a buscar y leer un libro que se llama "Descubra su verdadera personalidad".

—¡Por supuesto! —le respondí— ¿En dónde lo puedo conseguir?

Busqué el libro lo más pronto que pude, y al leerlo me quedé paralizada: allí encontré toda la información que necesitaba para comprender la forma de ser de mi hijo. No podía parar de leer, era como verlo en un retrato.

Ni su padre ni yo tuvimos que recurrir nunca a castigos, regaños o reprimendas, y mucho menos a "la chancla". De hecho, a mi hijo le causó una gracia tremenda ese asunto, pues él veía los memes sobre la chancla en las redes sociales, pero pensaba que era una leyenda urbana o algo así; no lo entendía, porque no lo vivió. Cuando su papá y yo nos empezamos a reír, él no entendía: ¡explíquenme!

Entonces su papá le empezó a contar su niñez y él se moría de la risa; iban cobrando sentido todos los memes. La chancla existe, pero yo nunca tuve la necesidad de usarla con mi hijo por su forma de ser: no era travieso, no era grosero, nunca fue a emergencias por una descalabrada, un clavo, un vidrio; él no tiene esas experiencias porque nunca le pasó.

Leí el libro; de hecho, muchas personas lo habían leído, tanto para descubrirse a sí mismas como para entender a sus parejas. En mi caso, sólo buscaba frenéticamente ser capaz de entender a mi hijo; ahí descubrí muchas cosas fascinantes en relación con el temperamento.

Antiguamente se pensaba que el carácter de las personas era la manifestación de su alma, y con base en esto se consideraban 4 tipos de temperamento:

1. Sanguíneo. Individuos equilibrados, sensibles, flexibles y extrovertidos; basan sus decisiones en los sentimientos más que en la razón, y son muy intuitivos.

2. Melancólico. Individuos muy sensibles; introvertidos y con baja flexibilidad a los cambios en el ambiente; abnegados, perfeccionistas y analíticos, propensos a ser introvertidos, pero pueden actuar de forma extrovertida. Leales, persistentes, calculadores; depresivos. Disfruta las artes y se enamora con facilidad.

3. Colérico. Individuos desequilibrados, sensibles, flexibles a los cambios de ambiente, poco tolerantes, manipuladores, rápidos, muy activos, prácticos en sus decisiones, autosuficientes e independientes; ambiciosos, decididos, extrovertidos, perseverantes y firmes; procuran imponer sus opiniones.

4. Flemático. Individuos lentos y equilibrados, introvertidos, poco flexibles a los cambios de ambiente, casi nunca se enfadan; apáticos, elocuentes; líderes natos, racionales, calculadores y analíticos.

Estar conscientes de estas diferencias, nos permite identificar las necesidades y potencialidades de las personas que nos rodean; en el caso de nuestros hijos, no los podemos educar, castigar o corregir de la misma forma en que lo hicieron con nosotros; lo que funciona con un colérico puede dañar la autoestima de un flemático; si corriges a un sanguíneo cómo corregirías a un melancólico, se va a reír de ti eternamente.

Mi hijo era un niño completamente normal, de temperamento flemático. Yo tuve que hacer una retrospectiva para superar mis miedos, perdonarme y de alguna forma pedirle perdón también por haberlo juzgado.

Es muy común que las mamás hagamos diagnósticos apresurados: "mi hijo es hiperactivo", "mi hijo es bipolar", "mi hijo es depresivo". Nos inventamos y nos creemos cualquier cosa muy a la ligera; estas son condiciones clínicas que deben ser confirmadas por un doctor, pero lamentablemente, las propias madres señalamos a nuestros niños sin tener pruebas concretas, y yo no fui la excepción.

Por ese tiempo, tuve la oportunidad de asistir a una conferencia de César Lozano titulada "Hombres difíciles, Mujeres complicadas"; ahí pude comprender mi relación con mi hijo en otros niveles de complejidad: yo soy mujer, mi hijo es hombre; yo soy el adulto y él es el niño; yo soy diestra y él es zurdo.

Tengo que asumir la posición que me corresponde; soy yo quien debe entender la situación, porque yo soy el adulto, yo soy la mamá. Mi percepción sobre mi hijo cambió y, automáticamente, cambió también nuestra relación.

Empecé a aceptarlo tal cual era; se me abrió el Paraíso, encontré el Nirvana, pude cambiar el futuro en el presente. Algunas veces, la vida nos pone ante personas o situaciones que, como espejos, nos permiten vernos a nosotros mismos y de ese modo comprendernos mejor.

Al tiempo, estaba paseando con mi hijo cuando me encontré con una vieja amiga y su pequeño niño; mientras ellos jugaban, ella me platicó:

—Es que mi sobrina es mucho más pequeña que mi hijo, y él no hace las mismas cosas que ella; ni siquiera se acerca al desarrollo que ella tiene.

Yo la escuchaba y me veía a mí misma; afortunadamente pude decirle:

—Cálmate; tengo exactamente lo que necesitas. Ven conmigo.

Buscamos una librería y le obsequié el libro que me cambió la vida; ella aún no se cansa de decirme que, cambió la suya también. Si tú eres mamá y sientes que no puedes comprender a tus hijos, recuerda que nunca es tarde para el amor; antes de juzgarlos y/o lastimarlos, por favor lee; busca información.

No importa la edad que tengan; recuerda que los niños son extremadamente sensibles, y una palabra o una frase que tal vez pronuncies inconscientemente, y que después ni siquiera recuerdes, les puede marcar la vida.

Como mamá primeriza, yo quería ser perfecta; aunque justificamos nuestras imperfecciones diciendo que somos humanas, en el fondo siempre nos exigimos mucho como mujeres. La contradicción es normal en las mujeres; dicen por ahí que somos incomprensibles; yo diría más bien que somos complejas. Nuestras experiencias, nuestras circunstancias, nuestra crianza, van tejiendo redes en las que quedamos atrapadas, y que luego tenemos que quitar si queremos obtener resultados distintos en nuestra vida y la de nuestros seres queridos.

Cuando las cosas se vean confusas, lo mejor que podemos hacer es buscar información, procurar explicaciones, antes de emitir juicios de valor que nos hacen un gran daño tanto a nosotras como a nuestros hijos. Mi niño no tenía nada de anormal; era más normal que cualquiera, solo que nació hombre en un mundo de mujeres; zurdo en un mundo de diestros, y flemático en un mundo de personas coléricas; así nos habían criado nuestros padres debido a sus propios miedos; pues, por ser todas mujeres, ellos nos creían vulnerables para el mundo.

Hay diferencias en cómo se manejan, cómo piensan, cómo evolucionan el cerebro del hombre y el de la mujer. Nosotras articulamos mejor la comunicación verbal que los hombres, y podemos realizar varias actividades al mismo tiempo, mientras que ellos, solo una a la vez.

Yo le iba explicando todas estas cosas a mi hijo en la medida que las iba descubriendo; hoy en día él va al refrigerador y dice: repíteme otra vez en dónde encuentro lo que estoy buscando. Soy hombre, ¡recuérdalo!

Al conocerse a sí mismo, él se da el permiso de fallar, reconoce sus limitaciones, su forma de ser. Si una mujer le dice a un hombre: tiras la basura, pones la bolsa en el bote, pones la salsa en el refrigerador, te metes a bañar y luego tiendes tu cama; lo único que él escucha es: tiende tu cama. Esto está súper comprobado y ha sido motivo de batallas campales entre parejas; sin embargo, también afecta la relación con nuestros hijos, pero de un modo mucho más grave, porque les imponemos una manera de hacer las cosas, que va en contra de su naturaleza, y ellos no se pueden defender.

Los adultos reaccionan y se rebelan; en cambio al niño no le permitimos eso, sino que le decimos: tú lo haces y punto, y a mí me respetas porque soy tu madre. Yo no quería manejar las cosas de esa manera con mi hijo, porque el respeto no se impone, sino que se enseña respetando.

Mi método era explicarle todo, aunque fuera un niño; yo no sabía qué tanto pudiera él asimilar, pero para mí era ganancia lo mucho o lo poco que él comprendiera.

Él me decía: ahora entiendo, yo te comprendo a ti, pero tú también debes entenderme a mí. Nunca menosprecié a mi hijo; desde que supe que era zurdo, le dije: hijo, yo no voy a poder ayudarte a que aprendas a escribir o a mejorar tu letra; a mis hermanas yo les tomaba su mano y las guiaba para enseñarles a hacer las vocales, pero contigo no puedo, porque yo no soy zurda, no puedo agarrar el lápiz con la izquierda para escribir. Sólo tienes 4 años, pero en esto no puedo ayudarte. Sin embargo, estaré aquí, acompañándote. No importa si la letra te queda redondita o no; eso déjalo pasar.

Yo quise explicárselo desde el principio; quería evitar esos vacíos que surgen cuando algo que no comprendemos nos marca la vida; lo que hice fue hablarlo, decírselo, y de ese modo sanarlo inmediatamente. Cuando descubrí que mi hijo y yo teníamos el mismo tipo de personalidad, fue más sencillo comunicarnos, pues podíamos entendernos mutuamente: "yo te comprendo a ti, yo te reconozco a ti".

Tu mamá no es perfecta, ni es la mejor del mundo, simplemente es flemática igual que tú. A partir de entonces, fue más sencillo para él decirme: no entiendo, explícame otra vez, repítemelo por favor.

Ayer mismo, antes de irse a dormir le dije: mañana te preparas el desayuno con esto, con esto y con esto, ¿te gusta la idea? Me respondió: sí, pero mañana me lo repites por favor. Él y yo estábamos conscientes de que para mañana ya se le olvidaría, pero ambos ya sabemos por qué; ya no entramos en el típico conflicto de: ¡ay!, tenías que ser, ¡siempre lo mismo contigo!, ¿otra vez?, ¡apúntalo!, ¡aprende! Ya no caemos en ese tipo de ofensas y discusiones, porque ya nos comprendemos.

Él sabe que yo lo entiendo porque es hombre, pero él me entiende también; si le digo: mañana te levantas, desayunas, lavas los trastes, guarda esto en el refrigerador. Me dirá: hablas muy rápido, me dices muchas cosas a la vez. Él entiende que tengo la capacidad de decirle todo lo que quiero que haga.

Nos entendemos desde la información, desde el averiguar, desde el reconocernos, desde el no juzgarnos. Yo me expreso ante él con libertad, pero no le impongo de qué maneras debe responderme; si hoy le doy una lista de tareas, sé que mañana se lo vuelvo a repetir.

Incluso, a veces él me dice: ¿puedes enviarme un mensaje de texto para que no tenga que preguntarte otra vez? Eso nos ha funcionado muy bien; es una forma en que la tecnología puede facilitarnos la vida, sobre todo a los hombres, que por lo general son los encargados de ir a la tienda y se les olvida a qué iban, o llegan con la mitad de las compras.

Típico caso entre una pareja, él pregunta:

—¿Dónde está mi playera?

—En el closet, del lado izquierdo, al lado de la camisa rosa que usaste para el cumpleaños de tu sobrina, junto al saco de cuadros grises.

—No la veo

—Aquí está

—La tenías escondida, ¿verdad?

No voy a negar que muchas veces tuve ese tipo de conversaciones con el papá de mi hijo, pero con él ya no las tengo. Cuando mi hijo abre el refrigerador y me pregunta exactamente en dónde está algo, yo le respondo: detrás de la jarra.

No le doy explicaciones extensas, porque yo sé que no va a procesar la misma cantidad de palabras que articula una mujer; con ellos hay que usar preguntas claras, precisas y de preferencia que sean de respuestas cortas: sí o no.

Si yo le digo a mi hijo: ven, siéntate aquí y explícamelo todo, ¿qué fue lo que pasó en la escuela? Él me va a responder: nada. Puede que yo me esté muriendo por escuchar hasta el último detalle, pero él es hombre, no va a articular las ideas para decírmelo; con suerte me podrá decir algunas frases como: me peleé, me gritó, le grité y nos llevaron a la dirección.

Cuando conoces las diferencias entre hombres y mujeres, ya sabes que él no te va a decir mucho, así que, en lugar de quedarte en tu casa enojada y frustrada como mamá, o peor aún, regañar, juzgar o golpear a tu hijo, simplemente vas y conversas con la maestra.

En su conferencia, César Lozano, bromea diciendo que las mujeres deberían dirigirse a sus maridos diciendo: pobrecito discapacitado, véngase para acá. Él está hablando de las relaciones entre adultos, en las que hay más simetría, porque se pueden entender de tú a tú, mientras que yo me estoy refiriendo a la relación con tus hijos y lo que vas a dejar plasmado en su memoria.

Capítulo 8: Aprendiendo a Enseñar

Como madres, nos enfocamos en querer cambiar primero al marido, para luego construir la educación de nuestros hijos, y al final, no podemos ni con lo uno ni con lo otro. Después vienen más hijos: dos, tres o más, y terminamos atrapadas entre los quehaceres: barrer, cocinar, planchar, además de tener que controlar a cada uno. Es un caos que se está reflejando en la psicosis de la sociedad.

Señoras, si creen que barrer, trapear o cocinar las convierte en madres abnegadas, debo decirles que cuando pasen los años, sus hijos no van a recordar la cantidad de trastes que ustedes lavaron, pero nunca olvidarán cómo los ayudaron en cada situación, en cada problema que ellos encontraron, y cuáles fueron los medios para que así fuese.

Somos el pasado de nuestros hijos; adultos con historias ya vividas. Como madre, nada me dio tanta paz y tranquilidad como el hecho de reconocer que, yo no puedo modificar el pasado de mi hijo, no puedo cambiar a su padre ni a la persona que yo fui, pero sí puedo re-orientar el camino que él va a transitar de ahora en adelante.

Si yo reconozco sus características como hombre, no lo voy a rebatir ni a condenar, y mucho menos a ridiculizar si se olvida de algo o se equivoca; ya sé que, voy a necesitar repetirle lo que quiero que haga, o decirle una sola cosa a la vez: tira la basura, y ya cuando ves que regresa le pides que se lave las manos. Si tú, como mamá, le hablas de acuerdo con tu naturaleza de mujer, vas a tener un conflicto con tu hijo hombre, aunque tal vez con tu hija mujer no, y ahí es cuando tú dices: ¿por qué no eres como ella?

Como padres, nunca terminamos de aprender, pero no siempre es necesario pasar por los problemas para adquirir sabiduría. Uno de los medios que nos permite ganar experiencia en la comodidad de nuestro hogar son los libros; muchos autores se han vuelto personas mágicas para mí, verdaderos maestros de vida que, no sólo han contribuido a que yo haya generado una sana relación con mi hijo, sino que además me inspiraron con toda su sabiduría y sus conocimientos para que este libro se hiciera realidad. Ellos también son parte de esta historia.

Sé que tienes muchas ocupaciones, pero establece correctamente tus prioridades y tómate el tiempo para leer este y otros libros; te vas a ahorrar mucho trabajo y dolores de cabeza en el desempeño de la labor más importante y trascendental de tu vida: guiar a tu hijo para que realice la suya.

Sé que te has preguntado: ¿por qué lo que a mis papás les funcionó conmigo, a mí no me funciona con mis hijos? La respuesta es, porque existen personalidades muy diferentes: el mismo castigo o la misma respuesta no te van a funcionar con personas distintas ni ante distintas experiencias.

No todas las personas somos iguales, y aprender a conocer a tu hijo es una forma de demostrarle tu amor. ¿Te imaginas cuál hubiera sido mi historia si no me hubiera preocupado por aprender a comunicarme con el mío?

Siendo madre de un niño zurdo, yo tenía que saber que esto no solo afectaba su desenvolvimiento dentro de casa, sino que empeoraba cuando salía al mundo, porque el mundo está hecho para personas diestras, y si no me crees, sólo mira las tijeras: si las agarras al revés, ya no cortan, y esa es solo una de las muchas situaciones con las que toca lidiar.

Vamos a aprender cómo ayudar a nuestros hijos a aprender. Ser mamá no es fácil; no es un trabajo de 8 horas al día, ni se termina cuando nuestros hijos cumplen 18 años; es una misión sin fin, así que, mientras mejor sea la actitud que le pongas a esto, va a ser mucho más desahogado, tanto para ti, como para tus hijos. Cuando no tenemos herramientas para comprendernos mutuamente, la vida entre padres e hijos se convierte en un eterno conflicto.

Capítulo 9: ¡Asunto arreglado!

Cuando mi hijo tenía 8 años, lo llevé a su examen médico de rutina, y nos encontramos con que estaba a punto de exceder el peso ideal. El doctor nos dijo: vamos a realizar algunos exámenes y aumentar la cantidad de ejercicio. Lo primero que preguntó fue: ¿hay historial de diabetes en la familia? En efecto, su abuelo paterno tenía diabetes. Los exámenes arrojaron niveles de colesterol muy altos; eso me aterró, porque yo había leído que la diabetes tipo 1 o juvenil, es una enfermedad silenciosa: los padres no se percatan de la situación sino cuando ya el niño cae en coma, y por lo general ya es demasiado tarde.

Como madres, tenemos que informarnos sobre los problemas de salud que puedan enfrentar nuestros hijos. No basta con prepararles la mejor sopa del mundo; estar un paso adelante en información nos ayuda a prevenir. Una vez diagnosticado el problema de mi hijo, fue referido a un programa especial para prevención de diabetes, en el que analizaron su genética y los hábitos alimenticios en el hogar.

Durante 2 meses y medio tuvimos que asistir a 1 clase semanal; le realizaron análisis, antes, a la mitad y al final del programa; nos dieron información básica sobre alimentación, aprendimos a leer y a interpretar etiquetas para determinar qué productos pueden generar riesgos en personas con diabetes.

Comenzamos a hacer los cambios necesarios, y el resultado se iba reflejando en los análisis. Al principio, todas las mamás nos justificábamos: es que a mi hijo no le gusta comer tal cosa; "yo le ofrezco, pero él no quiere". Aprendí que eso era evadir nuestra responsabilidad, pues debemos recordar que nuestros niños aún dependen de nosotros, y se supone que como adultos tenemos la capacidad de discernir qué es lo mejor para ellos. Decidí inscribir a mi hijo en karate; no sé a ciencia cierta cuál fue su experiencia al respecto, pero puedo describir la mía.

La disciplina que ahí le inculcaron, fue de gran ayuda para mí, pues siendo mamá de un hijo único, mi tendencia natural era sobreprotegerlo. Llevarlo a karate, escuchar a su maestro y estar presente en sus prácticas me quitó ese peso de encima, pues yo ya sabía que él se podía defender en caso de ser necesario. Yo inscribí a mi hijo en estas prácticas buscando una actividad física que nos ayudara a disminuir sus niveles de colesterol; nunca imaginé que fuera también una doctrina tan importante para la vida.

Conversando con el maestro, le dije:

—Él es hijo único; debe aprender a enfrentarse al mundo.

—El maestro me respondió —Efectivamente, él va a aprender a defenderse, pero no a golpes, sino con su postura, teniendo su autoestima en su lugar.

La filosofía del karate no consiste en saber pelear, sino en evitar la pelea. Una persona que practica karate no va por el mundo diciendo a los cuatro vientos que sabe pelear, sino que más bien lo evita. También lo inscribí en clases de natación, no solo porque necesitábamos normalizar sus niveles de colesterol, sino también porque nosotros vivimos en Arizona, y en el verano las familias salen en busca de albercas, por lo que se presentan altos índices de niños ahogados.

Esto significaba un nuevo reto para mí, pues yo nunca aprendí a nadar, pero tampoco quería transmitirle mis miedos: "no salgas de casa"; "no te metas en la alberca"; "no sabes nadar y yo menos"; "si veo que te ahogas, yo por instinto me voy a lanzar, y entonces vamos a ser dos necesitando ayuda". En vez de prohibirle que se metiera en las albercas, lo más inteligente era, llevarlo a clases de natación. Esto contribuyó a aumentar su actividad física, y ahora todo estaba en sus manos. Quien estaba en clases de karate y natación era él; él debía hacer su parte, mientras yo cumplía con la mía, que era cambiar nuestros hábitos de alimentación.

A mí me tocó re-aprender a cocinar, aceptar que mi madre cocinaba delicioso, que la comida mexicana es reconocida a nivel mundial, pero que en este momento necesitábamos comer diferente. Tuve que reconocerlo para aprender de nuevo; si no reconoces, no sueltas. No más chilaquiles de la abuela, no más sopitas de esas aguadas que adoras, no más tacos dorados, etc.

Comencé a ver qué opciones teníamos, qué íbamos a hacer. Había que eliminar cosas, principalmente la grasa, aunque ya había aprendido en las clases que, tanto el azúcar como las harinas blancas, contribuyen a que la grasa se acumule. Nos hablaron sobre los famosos venenos blancos: el azúcar, la sal y las harinas refinadas; tuve que investigar sobre cada uno de ellos y quitarlos de nuestra dieta: no más arroz blanco, no más tortillas de harina, no más azúcar blanca; en su lugar comenzamos a consumir azúcar morena, sal de mar y sal del Himalaya.

Aprendimos a identificar lo que comprábamos según el color; muchos productos terminan estando caramelizados; ves la etiqueta y te das cuenta que tiene un alto contenido de azúcar. Aprendes a ver más allá de la información básica que te encuentras, más allá de lo que te muestran los anuncios, comerciales, noticieros, etc. Nos gusta recompensar a nuestros hijos por medio de la comida, pero antes, es necesario que estemos conscientes de lo que les estamos dando, porque en lugar de un premio, puede que más bien sea un veneno.

No hay nada más adictivo que el azúcar; es incluso mucho peor que la cocaína. Todos estamos supuestamente sanos y libres de drogas, pero tenemos problemas con el azúcar, nos genera dependencia y necesidad. Hice un compromiso conmigo misma en pro de mi hijo; nunca le dije: tú eres el enfermo, tú eres quien no debe comer esto o aquello, tú eres el que necesita consumir porciones específicas. Por el contrario, mi declaración fue: yo soy tu mamá, yo soy quien compra, yo soy quien trae a la casa los productos que aquí se consumen, yo soy quien cocina, yo te cuido.

En este aprender a cocinar de nuevo, hice un acuerdo secreto conmigo misma: tiene que gustarle; que nunca sufra por la comida, que no sea un motivo de limitación, de prohibición; que no sea un trauma que tuvo porque "era un niño enfermo". Fue un trabajo extra para mí, pero exitoso, gracias a que tuvimos un buen proveedor, que en este caso fue su papá. Yo lo reconozco siempre, y le he hecho reconocer a mi hijo que él cumplió con su parte y eso me permitió a mí ser mamá a tiempo completo.

Esa fue mi decisión; no quise ser una mamá ausente en la vida de mi hijo; no quise que llamara "mamá" a una niñera y que ella lo conociera mejor que yo, que soy su madre. Eso fue algo que no me quise permitir.

¡Manos a la obra!, a remangarme, ponerme el mandil y, gracias a Dios, hoy en día existe "san YouTube". Comencé a buscar recetas a las que les sumaba mi sentido común y mi imaginación. Nunca me consideré una niña creativa, pero esta situación me llevó a convertirme en una mamá creativa, y les puedo asegurar que la primera sorprendida fui yo.

Nunca me lo hubiese imaginado; no logré hacer un buen dibujo o un buen proyecto en la escuela, y en los trabajos que me mandaban del colegio siempre fui un desastre, pero en este punto me tocó. Hay una famosa "teoría" de que comer sano es desagradable; yo tenía que quitarle ese concepto a mi hijo; si bien es cierto que comer es una necesidad básica del ser humano, también es una fuente de placer, al punto que muchos sufrimos de sobrepeso porque el comer llena vacíos existenciales, y por eso comemos de más.

Ese fue el principio del que partí para que mi hijo desarrollara el placer por la comida sana; una de mis metas como madre fue que mi hijo siempre quisiera volver a casa, que sintiera que en ningún lugar iba a sentirse más a gusto, y la mejor forma que se me ocurrió para lograrlo, fue por medio de la comida. Era un reto sano y delicioso. Cuando algo fallaba, miraba a mi hijo y le decía: es un experimento; es la primera vez que preparo algo así. Y le hacía la promesa de que la próxima quedaría mucho mejor.

Si esto no queda bien, nos lo vamos a comer sólo para que se nos quite el hambre, pero te juro que jamás lo vuelvo hacer. Siempre hay en casa alguna fruta u otra opción para complementar; con hambre, no nos íbamos a quedar, pero salir a comprar una pizza o un combo de hamburguesas, no era una opción, al menos por algún tiempo. La premisa era comer lo que había, aunque hubiera quedado mal.

Comenzamos a cambiar ingredientes, a comprar comida de mejor calidad; yo sé que muchos prefieren comprar un galón de jugo que un costal de naranjas, y no sólo porque el jugo les cuesta menos que las naranjas, sino sobre todo porque se evitan el trabajo de exprimirlas. La vida tan ajetreada que llevamos nos obliga a tomar este tipo de decisiones: preferimos lo práctico, lo conveniente, lo que nos ayude a salir rápido de las situaciones, sin tomar en cuenta el daño que le hacemos a nuestro cuerpo y al de nuestros hijos.

Siendo consciente de esto, tuve que dar mi extra en la cocina, me preguntaba: ¿qué le puede mejorar el sabor a una ensalada?, ¿qué opciones tengo para sustituir el empanizado? Empecé a usar el horno para las carnes y los guisados, y las salsitas, las preparaba sin una gota de aceite.

Incluso tuve que hacer una inversión en buenos utensilios de cocina: no más antiadherente, no más aluminio, no más peltre; era el momento de comenzar a utilizar los de acero inoxidable, por el bien, la salud y el futuro de mi hijo. Yo sé que muchas tenemos otras prioridades y preferimos gastar el dinero en otras cosas: nos encantan los zapatos, las carteras del diseñador del momento y que cuestan un ojo de la cara; eso tal vez nos sube la autoestima, pero tener buenos utensilios de cocina puede salvar la vida de nuestros hijos.

Los buenos hábitos alimenticios no se reflejan solamente en los ingredientes que utilizas para preparar tu comida, sino que aplican a todo lo que está en tu cocina: lo que tienes en tu despensa, lo que usas como especias, los trastes, los platos, los vasos. Debes sacar todo lo plástico y el agua embotellada; todo eso degenera tu salud y la de tus hijos.

El acero ayuda a mejorar el sabor de los alimentos, además de que reduces en un alto grado los niveles de toxicidad que tienen, por ejemplo, el aluminio y el antiadherente (Teflón); estos te llenan el organismo de metales pesados que son realmente peligrosos. Además del acero, te recomiendo usar recipientes de vidrio; en el caso de los bebés se prefiere usar el plástico por razones de seguridad, pero en la medida que los puedas evitar, contribuirás a su salud y bienestar.

Recuerda que todo plástico fue antes petróleo; y al calentarse libera toxinas que se van en la comida que le estas dando a tu hijo, y lo mismo sucede con el teflón. Todas las parejas viven en una lucha campal por aquello de quién gasta más, y que el dinero no se da en los árboles; esos pensamientos nos limitan para comprar utensilios de calidad, pues las decisiones se toman pensando en la economía y no siempre en lo que es más saludable para nuestras familias.

Las decisiones que tomemos deben estar basadas en información; tal vez comprar bolsos y zapatos basándonos en nuestro estado de ánimo puede resultar, pero si estás comprando algo que determina la salud de tu familia, debes hacer de tripas corazón y tomar decisiones más fundamentadas. ¿Vas a seguir comprando pan blanco?, ¿vas a seguir comprando sopas instantáneas? Investiga el daño que ocasiona el microondas, razón por la cual me deshice de él, pues su incidencia en el cáncer de mama es muy alta, y si quieres lo mejor para tu hijo, la primera que tiene que estar sana eres tú.

Si quieres que tu hijo esté sano, pero le das los alimentos calentados e incluso preparados en el microondas, literalmente lo estás matando. Si tú quieres ser mamá por muchos años, cuídate. Recuerda que tus hijos no van a hacer lo que tú les digas, sino que van a repetir lo que te vean hacer; cuando ellos crezcan y formen sus propias familias, son tus hábitos los que van a implementar.

Me tocó duro; fue un promedio de dos años más o menos metida en libros, en internet, en conferencias, contactando con especialistas telefónicamente, vía redes sociales. La mayoría de mis contactos son médicos, organizaciones de crecimiento personal, nutriólogos y terapeutas. La salud no es únicamente bienestar físico o equilibrio mental; la salud es integral, y nosotras como madres tenemos el deber de equilibrar todos estos aspectos en nuestras familias.

Cada médico, cada especialista tiene su área de trabajo y de conocimiento: el doctor sabe de medicinas; el nutriólogo sabe de porciones, conoce los nutrientes y su importancia en nuestro organismo; los terapeutas saben de relaciones inter-sociales; los psicólogos ven qué cables están cruzados en tu cerebro, y a ti como mamá te toca unificar todo eso.

Somos cuerpo, mente y espíritu, y la salud integral se manifiesta en estos tres aspectos: tenemos que estar sanos en nuestros pensamientos, sanos en nuestro cuerpo y sanos en nuestro espíritu. Todo esto me obligó a cambiar mis esquemas y ampliar mis horizontes con respecto a la salud; descubrí algo mágico, y es que una buena actitud al cocinar, mejora automáticamente el sabor de los alimentos.

Hay estudios sobre los efectos de la energía personal sobre las plantas y el agua; si tú le hablas a las plantas o al agua con palabras positivas, sus moléculas reaccionan de una manera armoniosa, pero si en cambio las insultas, reaccionan también, sólo que, de forma muy distinta, caótica, e incluso pueden morir.

Hicieron un experimento que consistió en poner 3 vasos de agua al cuidado de 3 personas, 1 vaso para cada una. La persona encargada del vaso número 1, tenía que hablarle a su vaso todos los días de forma amable, con palabras bonitas, afectivas y positivas: hola ¿cómo estás?, buenos días, buenas tardes, ya llegué, ¿cómo fue tu día? Al agua del vaso número 2, había que hablarle mal, insultarla, decirle groserías y demás, y a la del vaso número 3, había que ignorarla por completo. Les dieron un lapso de tiempo, y al final del experimento revisaron las moléculas del agua. Sin

101

embargo, a simple vista se podía ver que el agua completamente olvidada se puso turbia, como la que queda en los floreros después de que las flores se han marchitado, mientras que el agua del vaso número 1 seguía blanca y transparente.

A las mamás nos encanta intercambiar secretos de cocina, pero a veces entramos en diferencias; a mí me suele pasar, por ejemplo, cuando intento definir qué es un aceite oxidado o una grasa saturada, hasta que finalmente tengo que decir: ¡ok!, no me crean a mí. Hagan ustedes mismas la prueba; ustedes son dueñas de su cocina.

Les comparto esto porque a mí me tocó hacerlo cuando me encontré con mucha información cruzada: que si el aceite de canola es el mejor, que el aceite de girasol es el más recomendable, que usara aceite de soja (aceite de soya) en lugar de aceite de maíz, que el mejor aceite del mundo es el de oliva; pero recién me había enterado de que existía el aceite de semillas de uva, que era también una sensación.

Entonces dije: ¡ok! Vamos a ver; voy a comprobarlo por mí misma, y para hacerlo voy a preparar ni más ni menos que tacos dorados. Hice exactamente la misma cantidad de tacos dorados: 3 con aceite de canola, 3 con aceite de girasol, 3 con aceite de soja, 3 con aceite de maíz, 3 con aceite de olivo y 3 con aceite de semillas de uva, con la misma cantidad de aceite y el mismo sartén.

Después de freírlos, esperé a que el aceite se enfriara y lo puse en refractarios de vidrio, completamente transparentes, sin dibujos y sin impresión alguna, para ver el color que tomaba cada uno.

La idea era ver cuáles de ellos quedaban más oscuros y cuáles más claritos; el más resistente fue el de semilla de uva, pues conservó un color muy parecido al de la botella, mientras que el de canola se puso completamente negro, y el de oliva ni se diga. Todas estamos acostumbradas a que el aceite se quema, queda oscuro después de usarse, y eso nos parece normal; la idea de este experimento es demostrar de forma tangible lo que es una grasa oxidada: es esa grasa quemada, ese aceite negro que se convierte en grasa saturada dentro de tu organismo, incrementando tus niveles de colesterol, y dañando de pasadita tu hígado y vesícula, sin mencionar las arterias de tu corazón. Eso es lo que te comiste tú y lo que le diste a tu familia con esos tacos.

Nos acostumbramos a que ese aceite que anuncian en televisión es el mejor, porque era el que usaba tu mamá para cocinar y los guisos siempre le quedaron geniales; con ese aceite lograste hacer el arroz como lo hacía ella y ese es uno de tus mayores triunfos, y ni se diga si lograste repetir también el de la suegra. ¡Bien por ti!, superaste el reto; ahora aprende a usar aceites de mejor calidad, que sean más resistentes al calor y que no se vuelvan negros al cocinarse.

Cuando vuelvas a comprar comida en la calle, piensa cuánto han cocinado en ese aceite, a ver qué es lo que te estás comiendo. Posiblemente sea una comida oxidada, sin nutrientes y completamente tóxica, tanto para tu organismo como para el de tu hijo. Yo sé que tú le cumples el gusto porque lo quieres, porque se ha portado bien y deseas recompensarlo de alguna manera, entonces lo quieres llevar al restaurante de la letra M gigantesca y comprarle unas papas fritas; pero, ¿te has preguntado cuanta comida han freído en ese mismo aceite?, ese aceite está quemado, está sobre-oxidado, y esas toxinas se las estás dando a tu hijo, a quien amas; a tu hijo para quien quieres lo mejor.

No estoy condenando las papas fritas, pero el simple hecho de estar hechas en casa con un buen aceite hace que mejoren su calidad; si a tu hijo se le antoja un día comer papas fritas, hazlas en casa. No estamos peleados con nada, no estoy satanizando nada; mi hijo, es libre y yo también, de comernos por ejemplo unas papas fritas un día, por cualquier ocasión y sobre todo sin remordimientos, sin culpas, y sin juzgar ni condenar a quienes se las comen. Sin embargo, si fueses consciente de lo que te estás comiendo, no lo harías, y mucho menos se lo darías a tu hijo; entonces no vamos a condenar a nadie, sabemos que es falta de información y nada más.

La situación con mi hijo me llevó a mejorar mis hábitos alimenticios, a averiguar, a aprender, pero también a enseñarle a él las razones detrás de las cosas. Nunca le dije: ¡te lo comes y ya!, ¡te lo comes porque es bueno. No; yo hacía todos estos experimentos frente a él, para que asimilara toda esta información. Cuando él estaba comiendo o viéndome hacer de comer, yo le explicaba, le hablaba y le decía por qué estábamos haciendo este cambio, por qué ahora uso este otro aceite, por qué ahora cocino arroz integral.

Si tú eres mexicana y estás leyendo esto, puedes hacer el típico arroz con jitomate con arroz integral; eso sí, te va a saber muy distinto. Puedes renunciar y decir: no lo hago. Tal vez tu familia se te vaya encima, y te lleves un sartenazo emocional porque acabas de profanar la receta milenaria de todas tus generaciones; todos van a estar en tu contra y te van a querer fusilar; entonces ¿qué opciones tienes?

Yo encontré que el arroz integral funciona mucho mejor que el arroz blanco para preparar el famoso arroz frito o arroz chino, ese que tanto nos gusta y que todos conocemos como un plato típico oriental, pero que en este lado del mundo no tiene nada que ver con la forma como originalmente se prepara.

Al venir de Oriente a Occidente y querer vender su comida, nuestros hermanos asiáticos tienen que hacerla "apetecible" para el nuevo público, y ¿cómo logran esto?, pues con sal y grasa en exceso, "para que sepa rico". Si averiguas cómo son las recetas originales, te vas a dar cuenta que nada tienen que ver con lo que nos venden.

Yo tuve que aprender a preparar este tipo de comida porque a mi hijo le gusta, y no quería ir a esos restaurantes. Un día mi hijo me preguntó: ¿no puedes darme todas las verduras en un licuado, en lugar de la ensalada?; y se me prendió el foquito: ¡asunto arreglado!, no más verduras cocidas; de hecho, los especialistas recomiendan que el 90% de las verduras que consumimos sean crudas; así que problema resuelto: haz licuados y agrégales cuanto puedas de frutas y verduras. Si preparas el famoso licuado verde, puedes agregarle naranja o piña y mejorará considerablemente su

105

sabor; de esa manera cambias el enfoque, en lugar de tomarlo por obligación, porque tienes que bajar de peso o por desintoxicación.

La salud con sufrimiento no es salud; además de darle alimentos sanos, lo mejor para ti como mamá, es escuchar ese: ¡Ummm!, ¡qué rico sabe esto! Ese fue mi compromiso, y por eso accedí a darle a mi hijo sus licuados; sin embargo, yo sabía que iba a haber momentos en los que, por gusto, por antojo o por presión social, él iba a decidir comer cosas diferentes y que yo podría llamar "indebidas", pero tampoco se lo iba a prohibir ni lo iba a satanizar. Por comer eventualmente ese tipo de cosas no pasa nada.

Ser saludable no significa volverse un enajenado social, ni tener que aislarse de su medio ambiente. Es muy difícil para un niño ser o sentirse diferente, porque va a ser juzgado y señalado; vamos a quitarle esa carga a tu hijo de que el mundo lo vea raro. Siempre hay opciones. Si en casa mantiene una dieta saludable, pero de repente va a una fiesta y se encuentra con que hay golosinas, si él sabe que las puede ingerir sin ningún problema, sin culpa, sin juicio y sin dar explicaciones, se sentirá libre de decir sí o no, y punto; y lo que haga estará bien, porque sus bases ya están ahí y son firmes.

Hoy en día me sorprendo de las elecciones que hace mi hijo al comer, pues son todas muy saludables, de repente me dice: me comí un salmón que sabía excelente; me comí una ensalada que contenía tales cosas y me gustó esa combinación; hazme una ensalada, pero ponle mango, fresa y nueces picadas. Yo nunca lo cuestioné; si él me pedía que le preparara algo, yo se lo hacía, y cuando lo probaba sabía delicioso. Él mismo empezó a investigar recetas y decía: se me antoja esto, se me antoja aquello. Leía la receta y me conseguía los ingredientes; mucho de lo que aprendí a cocinar fue porque él me motivó a hacerlo.

Este proceso no termina; seguimos aprendiendo, un pasito más cada vez. Si tú como mamá quieres hacerte vegana de un día para otro, no dudo que lo logres y te apoyo en esa decisión, pero sé lo difícil que va a ser para ti no encontrar resistencia por parte de tu entorno. Algo que a mí me ha funcionado y que yo recomiendo mucho es, que realices los grandes cambios paso a paso, hasta que llegues al punto donde dices: hasta aquí puedo llegar.

Esa decisión es de cada quien; yo sigo aprendiendo y sigo mejorando constantemente, adquiriendo mejores hábitos, comprando materia prima de mejor calidad y a precios accesibles. Tenemos que superar el prejuicio de que alimentarse con calidad es caro; es un proceso al que tenemos que adaptarnos, pero que también necesitamos comprender.

Yo sigo aprendiendo, sigo en el proceso, y las invito a todas a mejorar sus hábitos alimenticios por el bien de ustedes y de sus hijos. En una ocasión escuché una frase que me impactó: "Cocinar es otra forma de decir te amo"; que tus hijos estén siempre contentos, que puedan disfrutar de tu comida saludable y te digan sonriendo: ¡wow! ¡qué rico te quedó!; que ese sea siempre tu propósito y tu fin.

Capítulo 10: ¿Qué puede salir mal?

Toda esta etapa que comenzó por una alarma de salud, me llevó a mejorar en muchos aspectos de mi vida; leer, aprender y estudiar todo esto, me hizo darme cuenta de lo que la disciplina puede lograr. Al mejorar nuestra alimentación, mejoró también nuestro estado de ánimo y nuestra salud integral, y nos sentíamos llenos de entusiasmo y energía. A mí me entró un hambre de aprender más, así que decidí terminar mi equivalente a la High School, que es el GED; fue una meta que me impuse no sólo como mujer y como persona, sino sobre todo como madre.

Siempre estuve convencida de que los niños aprenden con el ejemplo, y mi mayor aspiración era lograr que mi hijo fuera a la universidad. En ese momento él estaba cursando su octavo grado, y la mejor manera que encontré para estimular su entusiasmo por aprender, fue que me viera esforzarme, que me viera aprendiendo, que me viera tronarme los dedos por estudiar para un examen, que se sintiera involucrado al yo tener la humildad de decirle: ¿tú ya ves álgebra?, ¿puedes ayudarme?

Él se sintió parte de la situación; fue receptivo y paciente conmigo. Cada cierto tiempo me preguntaba: ¿qué nos sacamos mamá?, ¿ya pasamos o no pasamos? El día pautado

109

para dar los resultados, le dije que él sería el encargado de ingresar en la página y revisar cuando los publicaran. Desde muy temprano estuvo pendiente, y cada cierto tiempo me decía: todavía no los ponen.

Él sabía que yo tenía cierto temor, y me daba su apoyo con mucha seriedad, pues sabía que era algo muy importante para mí. Gracias a Dios, aprobé el examen a la primera y por arriba del mínimo requerido. De esa manera le estaba transmitiendo con mucha más claridad aquello de lo que tanto yo le hablaba; lo que tanto le pedía: tienes que ir a la Universidad.

No se trataba de que él me escuchara decirlo, sino de que me viera hacerlo. Fíjate nada más hasta dónde nos había llevado el haber mejorado nuestra salud y nuestros hábitos alimenticios. A veces no relacionamos una cosa con la otra; yo lo hice por la salud de mi hijo, pero aquí te das cuenta de que cuando estás en el camino correcto, cuando vibras en la frecuencia del amor, todo lo que hagas tiene un rebote positivo que se expande en todas direcciones. Yo pude haber escogido tratar a mi hijo y a mí misma como víctimas, ya sea de los genes, de la familia, de la mala suerte; pero tomé una decisión distinta, y es impresionante, incalculable, inimaginable, todo el beneficio que sacamos de esta situación.

Hoy en día muchas madres me preguntan: ¿cómo puedes ayudarme para mejorar la salud de mis hijos? Espero que, en este libro, muchas personas puedan recibir la información que necesitan, para comprender hasta dónde un evento puede impactar de manera positiva si tú así lo decides, rebasando las barreras del tiempo y el espacio.

Si tienes este libro en tus manos y en algo te ha ayudado, compártelo para que pueda seguir ayudando a una familia más, a una persona más. La información que te he dado en este libro es mi humilde aporte para un mundo mejor; si contribuye a que una sola persona genere cambios positivos en su vida y la de sus hijos, consideraré cumplida mi misión.

Ya mi hijo estaba por cumplir sus 14 años; sus valores se habían estabilizado, habíamos mejorado nuestros hábitos y aprendimos a comer mejor, ¿qué podía salir mal? No contábamos con que nos faltaba conocer el terror de todos los padres: la pubertad. Cuando el obstetra me dijo que mi bebé era un niño, mi mente voló; por una parte, a mí me tocó ver el conflicto entre mi padre y mis hermanas por su rebeldía en la adolescencia; también tenía amigos hombres y me tocó ver cómo sus padres los reprimían para corregirlos. Yo crecí en un mundo de niñas; entonces cuando me entero de que voy a tener un niño, lo primero que pensé fue: ¿qué va a pasar cuando sea adolescente?

Cuando él nació, su madrina venía a visitarnos; ella tenía dos niñas y un hijo adolescente, y a mí me gustaba platicar con ella sobre sus hijos y los conflictos propios de cada edad. Como era de esperarse, en su opinión, las niñas eran perfectas, mientras que el jovencito era la oveja negra. Yo sostenía a mi bebé en mis brazos mientras escuchaba a mi comadre y le pedía que me contara todo lo que pasaba con su hijo adolescente: ¿por qué?, ¿qué ha hecho?, ¡cuéntamelo todo!

Años después, platicando con mi hijo, le dije:

—Mira, la adolescencia puede ser la etapa más hermosa de tu vida

—¿Por qué?

—Pues porque ya no eres un niño, ya no te vamos a tratar como niño, ya no te vamos a decir: quítate, cállate, no hables, pórtate bien; ya empiezas a decidir qué ropa te vas a poner, empiezas a hacer uso de tu voluntad, pero al mismo tiempo no tienes la responsabilidad de un adulto, de tener que trabajar, de ver cómo vas a pagar luz, agua, teléfono, casa, cómo vas a mantener a tus hijos; no tienes esa parte, pero tampoco eres menospreciado como niño (así se sienten cuando les decimos: "no puedes hacer esto").

De hecho, cuando los adultos queremos defendernos, decimos: ¡no me trates como niño! Todos en algún momento fuimos "rebeldes sin causa", jóvenes idealistas que no creíamos que la sociedad debía determinar las normas de nuestra vida; luego crecimos, nos hicimos adultos, tuvimos hijos y comenzamos a ver la realidad, y sobre todo la conveniencia de repetir esos patrones que nos imponía la sociedad y la familia.

En mi afán por criar a mi hijo de manera diferente, yo le dije y me dije: la adolescencia puede ser la mejor etapa de la vida. Sin embargo, cuando ese momento llegó, yo temblaba de pies a cabeza. Como madres, nunca podemos soltar las preocupaciones: cuando nuestros hijos son chiquitos, tenemos que aprender a cocinar, aprender sobre personalidades, pero cuando llega la adolescencia nos toca aprender todo acerca de sexo, drogas y alcohol. ¿Cuáles son las consecuencias del uso de estas cosas?, ¿cómo llegan nuestros hijos a tener acceso a estas substancias? y sobre todo ¿cómo prevenir?

Nuestra misión como madres, no es solo saber que estas cosas existen; es muy fácil decir: yo ya le inculqué valores y principios a mi hijo: es un buen niño, va a la iglesia cada semana (no importa cuál sea tu religión). Eso no es suficiente; si no funcionó 10 generaciones atrás, tampoco va a funcionar ahora. Hay mucho trabajo pendiente; les advertí que esto no paraba, "esto no termina hasta que termina".

No tenemos que esperar a que surja un problema para buscar la solución; tenemos que formarnos e informarnos, porque solamente así sabremos cómo actuar de manera creativa e innovadora, no repitiendo patrones y esquemas de manera mecánica. Si ya estás atravesando el problema, ni modo; a fuerzas debes aprender a salir de la situación; pero si te adelantas a los hechos, podrás ahorrarte muchos dolores de cabeza.

Nada es garantía de nada, y nuestros hijos son seres únicos e irrepetibles, con libertad y libre albedrío. Por eso es fundamental tener presente que nosotros como padres y adultos, hacemos nuestra parte: dar lo mejor de nosotros mismos, dar el extra, cumplir con lo que está en nuestras manos, pero eso sí, con la conciencia de que nuestros hijos son libres, independientes, únicos y con voluntad propia.

Cuando comencé a aprender sobre el sexo, las drogas y el alcohol, me fui enterando de que los niños se encuentran con estas amenazas alrededor del tercer grado de primaria; eso es algo que casi nadie sabe. Tuvimos una charla en la escuela, y una mamá salió directo a preguntarle a su hijo:

—¿Tú ya sabías que existían esta, esta y esta droga?

—¡Oh!, Sí.

—¿Y desde cuándo lo sabías?

—Pues desde que iba en el tercer grado

El niño entonces le confirmó lo que nos habían dicho en la conferencia. Obviamente, yo no fui la excepción, y también le pregunté a mi hijo:

—¿Qué hay con respecto a este tema?

—Sí mamá; en el baño estaban el otro día uno y otro, y traían esto y aquello

Controlándome al máximo, le dije: —¡Ah! Mira, ¿y qué hiciste tú?

La regla de oro es: no entres en pánico; nunca demuestres temor frente a tus hijos. Si caes en esa situación, vete a tu cuarto, ponte la almohada en la cara y grita, porque es válido, porque eres un ser humano y tienes emociones, pero frente a tu hijo trata de mantener la calma, para poder tener esa conversación que tú estás buscando y que él necesita.

Mi hijo me comentó que esto pasó estando en tercer grado, y que de hecho a un niño le encontraron sustancias prohibidas en su mochila y lo suspendieron. Yo por dentro me decía: ¿por qué no me lo había contado? Me temblaba todo el cuerpo, pues estamos hablando de que en tercer grado un niño tiene 9 años, y en esa conferencia me enteré de que, las estadísticas de crecimiento de la población en las cárceles, las calculan estudiando precisamente a los niños de tercero de primaria.

Volvemos a lo mismo señoras: yo sé que hay mucho que lavar, mucho que planchar, mucho que barrer, pero por favor tomen todos los programas que puedan; infórmense, vayan a conferencias; la mayoría de las escuelas tienen estos programas y buscan especialistas que vayan a las escuelas a hablar con grupos de padres. Tómense el tiempo, porque es escalofriante que tengan que estudiar a los niños de 9 años, para saber qué tanto espacio van a necesitar en las cárceles.

Haz preguntas; nunca impongas tus conceptos, nunca impongas tu opinión. Siendo adolescente, escuché una historia que me dejó una gran lección. Dice así; una niña de 5 años llega un día del colegio y le dice a su mamá, que está ocupada cocinando:

—Mamá

—Dime hija

—¿Qué es pene?

La mamá la ignoró; hizo como que no había escuchado y siguió cocinando. La niña se fue, pero regresó y volvió a preguntarle:

—Mamá, ¿qué es pene?

—No sé hija, ahorita estoy ocupada.

La niña viene una tercera vez y de nuevo le pregunta:

—Mamá, ¿qué es pene?

La mamá respira hondo, hace de tripas corazón y piensa: ¿qué hago?, ¿qué hago?, ¿qué hago?, lleva a la niña a la sala, busca una enciclopedia, busca anatomía del hombre y le dice: ven, siéntate aquí, vamos a hablar.

Abre el libro en la parte de anatomía y está a punto de empezar a leer, pero lo cierra de golpe y poniéndose frente a la niña le dice:

—¿Dónde escuchaste eso?, ¿por qué quieres saber?

Y la niña le responde:

—Lo que pasa es que hoy mi maestra no fue a la escuela porque su mamá murió, y la directora nos dijo que debíamos orar, para que su alma no pene.

Esa historia me enseñó a no dar nada por hecho; cuando no tengas la respuesta a una pregunta de tu hijo, agáchate, ponte a su nivel, míralo a los ojos y pregúntale: ¿por qué quieres saber?, ¿dónde lo escuchaste? Escudriña exactamente qué hay detrás de su curiosidad.

Al llegar el momento de la pubertad, yo le pregunté: hijo, ¿qué sabes de las drogas?, ¿qué hay en tu escuela que yo no veo? Sabes que, aunque yo vaya de voluntaria, nunca me van a mandar a ir a los baños o a otros lugares privados, así que esa parte de la historia se me escapa. Entonces él me contó todo con naturalidad, y lo mismo hicieron los hijos de las otras mamás que tomaron ese mismo programa. Al día siguiente coincidimos todas en la escuela y platicamos sorprendidas, pues dábamos por hecho que nuestros hijos estaban alejados de las drogas, dábamos por hecho que éramos mamás involucradas en la educación de nuestros hijos, y que estábamos al tanto de absolutamente todo, cuando no era así.

Todas teníamos algo que contar, pues en el afán de saber, hicimos preguntas y más preguntas a nuestros hijos; nos inscribimos en un curso de prevención y comenzamos a aprender: ¿cómo trabajan las drogas?, ¿cómo afectan?, ¿por qué las consumen? Nos enseñaron que las personas se vuelven dependientes de una droga porque la consumen, se enganchan y desde ese momento creen que la necesitan para vivir.

Yo me inclino por una teoría diferente, y es que las personas nacen con la dependencia, pero como no hay estudios clínicos o análisis que te lo confirmen, la única forma de reconocer o darse cuenta de que son dependientes es que prueben el alcohol o las drogas; no hay otra manera.

Esto explica por qué si dos personas empiezan a consumir drogas al mismo tiempo, una sale y la otra no; hemos visto esto muy a menudo. Tomemos dos ejemplos:

a) Un niño de padres amorosos, con una familia estructurada y situación económica relativamente estable, cuyo papá es proveedor y está presente en la vida de sus hijos y su mamá es emocionalmente sana (no es tóxica) y está pendiente de ellos.

b) Un niño cuya madre soltera tiene que estar ausente para cubrir las necesidades básicas del hogar; ha sufrido sensación de abandono, tal vez rechazo y hasta bullying.

Ambos caen en las drogas y son descubiertos por sus padres, quienes los llevan a rehabilitación. El niño amoroso que lo tiene todo en esta vida para ser feliz, se queda enganchado en las drogas y no puede salir, mientras que el otro, que tiene todo en contra, dice: hasta aquí llegué, y sale.

¿Qué hace la diferencia? Mi respuesta es: la dependencia. Nuestro cerebro produce químicos que nos mantienen estables y con un estado emocional equilibrado; si algo nos parece gracioso, soltamos una carcajada, y si algo nos hace enfadar, explotamos.

El problema está en que cuando consumes drogas, los químicos del cerebro pierden ese equilibrio; cuando no puedes dormir, no tienes energía o no te sientes feliz con nada, no estás produciendo suficiente serotonina, melatonina o dopamina, que son los neurotransmisores encargados de mantener nuestra estabilidad psíquica y emocional.

Una droga muy famosa en un tiempo, fue el éxtasis, que te ponía en una euforia genial. Quienes la consumían solían decir: ¡yo nunca había sentido lo que era la felicidad! Y la quiero volver a sentir. Puedes probar las drogas por necesidad, por presión social, porque te dicen que no te harán nada y que no seas cobarde, o simplemente por curiosidad. La circunstancia que te haya llevado a eso es lo de menos; el asunto es que te enganchas y ya no puedes dejarlo. Pruebas las drogas y dices: ¡de aquí soy!, me dan la felicidad que ni tú, mamá, ni tú, papá, me supieron dar.

Nuestros hijos a esa edad nos ven como sus peores jueces. Entonces no hay manera de que tú sepas si tu hijo es dependiente o no hasta que pruebe las drogas. No te estoy diciendo que lo lleves a probarlas para ver qué tal; mi mensaje para ti es justamente lo contrario: vamos a evitar a toda costa que ellos las prueben, precisamente porque no sabemos si son o no dependientes por naturaleza; no sabemos si van a lograr dejarlas o no.

Me tocó aprenderlo y les pido también a ustedes que averigüen del tema; sé que es un trabajo extra, pero tú amas a tú hijo, quieres lo mejor para él, y eso no comienza desde el momento en el que nace, sino desde ti: desde el crecimiento y el aprendizaje que tú como mamá decidas tener.

Todo lo que me decían en las clases sobre dependencia yo venía y se lo repetía a mi hijo; pensaba que, si algo se me olvidaba a mí, podía quedarle a él. Quería que viera que no era un sermón mío, que no eran simples rollos de una mamá tóxica. Está comprobado que los sermones no funcionan con ningún adolescente; tal vez de niños te escuchaban, pero de adolescentes te van a llevar la contraria, te van a decir que son rollos tuyos, que son prejuicios de tu religión para controlarles la vida o inventos del gobierno para controlar al mundo, ¡lo que sea!

Las reacciones de tus hijos no dejarán de sorprenderte. En cambio, si llegas y le dices: ¿sabes qué?, nos estuvieron contando que unos niños o que unos jóvenes o que hay gente que... No le digas "tú"; quítale ese peso, esa carga, y haz silencio; escucha lo que él tiene que decir. Yo sé que tú vas con la mejor de las informaciones, pero ese no es el punto, sino que seas capaz de tomar en cuenta lo que tu hijo está sintiendo y pensando.

Así fue como yo y las otras mamás pudimos darnos cuenta de que nuestros hijos sabían más de drogas que nosotras. Recuerdo un comercial donde el papá le dice al niño: hijo, vamos a hablar de hombre a hombre, y el niño le responde: ok papá, ¿qué quieres saber? Ese comercial es literal: los niños hoy en día son así; cuando tú vas, ellos ya vienen; por eso nuestro trabajo como padres, es adelantarnos un paso más.

El propósito de este libro es motivarte desde la consciencia de que, por muchas cosas que tengas que hacer en tu casa, aun así, debes tomarte ese tiempo para estar pendiente. A mí me tocó aprender cómo trabaja el cerebro, la importancia de los neurotransmisores, qué función cumplen en el cuerpo, cómo producimos serotonina, oxitocina, dopamina y melatonina, y por qué influyen en nuestro estado de ánimo. La producción y el control de estas hormonas es más estable en los hombres que en las mujeres, es decir, que a ellos los afecta menos, tanto el exceso como la carencia de dichos químicos; por eso ellos no son tan intensos como nosotras.

Tómate el tiempo para averiguar cómo tus hábitos alimenticios y de vida afectan la producción de estas hormonas y sus niveles de concentración. No es necesario que te vuelvas una experta en el tema; basta con que entiendas lo suficiente para saber cómo está reaccionando el cerebro de tu hijo: ¿qué le puede estar faltando como para recurrir a una droga?, ¿qué está pasando en su entorno?, ¿recuerdas los tipos de temperamento?

Si tratas a tu hijo flemático como colérico, vas a causarle un gran daño en su autoestima, y si ese niño, que viene lastimado de la infancia, descubre que la droga lo hace sentir feliz, será un adicto potencial en ese instante.

Ese conocimiento no está de adorno; ya viste de qué te puede servir conocer la personalidad de tu hijo, y que nada de lo que estamos compartiendo aquí está de más. Yo creo que ningún libro es suficiente, porque debemos estar mejorando, quitando, agregando, poniendo, eliminando; porque las historias y las generaciones van cambiando al mismo tiempo, y lo que funcionó hace tres o cuatro décadas, no funciona hoy en día.

No tomes la información de este libro como la verdad absoluta, porque nada lo es; mejor, ábrete a una forma diferente de ver la vida y a la posibilidad de seguir aprendiendo.

Carta a mi hijo

Capítulo 11: Llenando vacíos

El ser mamá nunca termina, pues aun cuando te vayas algún día, tus hijos se quedan con el recuerdo de lo que fuiste, y por medio de sus vidas, tus nietos van a conocerte y vas a trascender. Si fuera al revés, recuerda que quien muere regresa a casa, al lugar de donde todos venimos; trata de no dejar vacíos en la vida de tus hijos, procura más bien la satisfacción de haberles dado lo mejor de ti. Quienes han sufrido la pérdida de un ser querido muchas veces se quedan con la sensación de: "pude haber hecho más".

El remordimiento es muy grande cuando sabes que perdiste el tiempo peleando y te arrepientes del día que le pegaste, te arrepientes del día que lo acusaste injustamente de algo, del día que lo regañaste porque te creíste una historia y no escuchaste su versión. Todos estos remordimientos, retardan que superes tu duelo de una manera sana; por eso algunas personas dicen: es que nunca superas la muerte de un hijo.

La raíz de esa frase, está en todos los vacíos existentes entre esa mamá y su hijo; mientras menos vacíos hayan, más rápido se va a superar el duelo. Yo perdí una hermana a la que no veía desde hacía más de diez años; dicen por ahí: "ojos que no ven, corazón que no siente", pero eso es una mentira tajante, porque se sufre más con lo que se imagina que con lo que se ve. Pude haberme quedado en el remordimiento de que nunca más hablé con ella; no hubo una mañana más que compartir, no hubo una fiesta más, y si hubiese sabido que la estaba viendo por última vez, tal vez hubiese sido mejor.

Viendo el dolor de mis padres, el dolor de mis hermanas y mi propio dolor, me siento en la obligación de decirte: no dejes vacíos en tu relación con tus seres queridos, no dejes vacíos en tu relación con tus hijos. Muchas veces vi a mi papá pelearse con mi hermana en su adolescencia, y ahora lo que quedaba era ese arrepentimiento, ese vacío: ¿cuántas veces me peleé con ella?, ¿cuántas veces la lastimé?

Es válido querer corregir a tus hijos, es válida una represalia a tiempo, antes que llegar a un punto de no retorno, donde tengan experiencias con drogas, cárceles y demás; sin embargo, recuerda que el sufrimiento nunca es necesario; aclara lo antes posible cada mal entendido, ten la humildad de pedir perdón si es necesario, ten la humildad de reconocer todo lo que tu hijo le pueda aportar a tu vida. Puede ser tu peor juez, pero siempre, siempre será tu mejor maestro.

Un año antes de que mi hermana falleciera, me sobrevino una situación muy complicada: me divorcié. Algunas personas me decían: gracias a Dios tu hijo ya está grande. Eso significaba: no tienes que lidiar con una niñera, la escuela, el colegio, buscarte un trabajo, y todo eso que las mamás que han pasado por un divorcio saben de sobra. Sí, es verdad: mi hijo "estaba grande"; de hecho, era el peor momento para que sus padres se divorciaran, pues estaba en la adolescencia; comenzaba a sufrir cambios de todo tipo en su cuerpo, en su mente, en su entorno, y ahora también en su vida. Le había cambiado el mundo; la familia con la que él creció se había fracturado.

Yo también estaba pasando estos procesos de cambio en mi vida: de ser una esposa, me convertí en una mamá soltera; estaba viviendo la adolescencia de mi hijo, el riesgo de rebeldía, el riesgo de exposición a drogas, el riesgo de las fiestas, de las quinceañeras, el alcohol involucrado, el querer ser diferente y hacer cosas distintas.

En todo proceso tienes dos opciones: hacerte la víctima o buscar la mejor actitud para sobrellevarlo de la manera más sabia posible. Me di cuenta de que la vida se puede acabar en un instante. Después de mi divorcio, mi hijo dejó de hablarle a su papá. Mi versión de la historia es que no se enojó, sino que se decepcionó, que es peor. Si hay enojo lo sacas, explotas; pero aquí hubo decepción, y se tradujo en indiferencia.

Cuando un niño es niño, mira a sus papás como superhéroes: son Batman, Superman, el Hombre y la Mujer Maravilla; para él no hay nadie mejor: te quiere, te busca, confía en ti y te admira. Cuando crece un poquito más, se da cuenta de que en realidad no eres ese superhéroe, sino un simple mortal, y esa es la primera decepción en la vida de un hijo.

No solamente los padres sufrimos con el distanciamiento de nuestros hijos durante la adolescencia; para ellos también es muy doloroso descubrir que, sus padres sólo son unos simples mortales, y que además están llenos de defectos.

Nos bajamos del pedestal en un instante, y eso se manifiesta en rebeldía cuando nos dicen: yo no soy tú y no voy a ser igual que tú; yo no me voy a dedicar a lo mismo que tú; a mí no me hables de lo que tú estás pensando; a mí no me impongas tus experiencias. Algunos no lo recuerdan, pero todos sufrimos esta decepción, pues antes de ser padres fuimos hijos, y también nuestros papás pasaron de ser superhéroes a simples mortales en un abrir y cerrar de ojos.

Todos conocemos de primera mano esas discusiones de la adolescencia; yo le había asegurado a mi hijo que esa iba a ser la mejor etapa de su vida, pero luego me di cuenta de cuán difícil se me iba a hacer mantener esa promesa. Mi consejo sigue siendo el mismo: mamás, vamos a terapias, vamos a leer un libro, vamos a oír una conferencia. Antes tuvimos que aprender qué aceite usar y cómo cocinar; después aprendimos todo sobre drogas, y ahora vamos a aprender cómo superar la adolescencia de tu hijo.

Un año después de mi divorcio se me presentó un viaje a California; mi hijo no quería ir, pero yo no podía dejarlo solo, así que le dije: si no vas conmigo, tienes que quedarte con tu papá. Él prefirió irse conmigo, pero estando allá me dijo: no quiero estar aquí. Entonces, espontáneamente le habló a su papá y le dijo: ven por mí.

Su papá se comunicó conmigo y me dijo: ¿qué hago?, yo no puedo agarrar simplemente el carro e irme, eso hay que planearlo. Yo le respondí: para mí es igual si se queda o se va, pero para ti, es una oportunidad de oro: o vuelves a ser su superhéroe, o lo decepcionas una vez más. Tú decides. Entonces vino por él y se hablaron como si nada: sin reproches, sin reclamos de parte de ninguno de los dos; hicieron borrón y cuenta nueva. Aquel año de distanciamiento quedó como un paréntesis en sus vidas.

Mi hijo llega por fin a su último año de High School; ¡wow!, otro reto más. En una ocasión, una persona que trabajaba para una organización, en el estado de Arizona, me había pedido que hablara a nombre de las mamás hispanas, acerca de cuál considerábamos que sería la mejor educación para nuestros hijos. Mi participación consistía en asistir a un desayuno con los donadores que aportaban dinero a esta fundación, y hablarles sobre mi experiencia como mamá inmigrante de un niño inmigrante, así como también de mi compromiso para que él fuera a la universidad; me pidieron que preparara un fragmento corto y concreto que yo pudiese comunicar a estas personas.

No recuerdo mis palabras con exactitud, pero sí recuerdo bien clarito que les dije lo que me había enseñado la maestra de Head Start: hay una esperanza; sé que no será fácil y que el camino es largo, pero mi hijo va a ir a la Universidad, y yo voy a hacer todo lo que esté en mis manos para lograrlo. Pues bien, el momento había llegado. Era el último año de la High School, y como inmigrante, mi hijo tendría que hacer un esfuerzo sobrehumano para lograr una beca universitaria en los Estados Unidos.

Por si fuera poco, justo en esos días me comenzaron a pedir la declaración de impuestos, que era el primer requisito para poder aplicar a becas. Recordé como nunca el dicho: "por tus palabras serás juzgado"; es decir, cuidado con lo que dices. Yo siempre le había dicho a mi hijo: todos tenemos que cumplir con nuestra parte. Yo no iba a hacer los exámenes por él, no iba a sacar una A, no iba a asistir a la escuela, pero sí tenía que cumplir con muchas otras cosas, y no era nada más tenerle la ropa limpia y la comida hecha.

Él había hecho su parte; hasta ese momento tenía excelentes calificaciones, y a pesar de la sacudida que la vida le dio al ver su hogar desmoronado, no perdió su enfoque, su obligación, su compromiso consigo mismo, y eso es algo que le admiro hasta la fecha. Los padres que ya tienen a sus hijos en la Universidad saben que se requiere mucho más que una A para poder ingresar; además de la declaración de impuestos, se requerían horas de servicio comunitario, excelentes calificaciones, les revisan su récord, huella, historial académico; muchos jóvenes obtenían becas por ser deportistas destacados, pero ese no era el caso de mi hijo.

Se topa con la realidad; descubre que por ser inmigrante no tiene el mundo a sus pies y debe luchar por su futuro, dar el extra. En medio de un ataque de rebeldía, me dijo algo que me puso la piel de gallina: si yo hubiese nacido aquí no tendría de qué preocuparme: con una B o una C, por lo menos me aceptarían en la Universidad Estatal. Esto me hizo dudar de todas mis decisiones, y hasta pensé: ¡Dios del cielo!, ¿qué tan bueno ha sido que no naciera aquí?

Estaba molesto, renuente; le había pedido de todas las formas posibles a su papá que hiciera la declaración de impuestos, y al no obtener respuesta arremetía contra mí. Un día, estando yo en mi recámara, abrió la puerta y me dijo: gracias por echarme a perder 14 años de mi vida. Haciendo de tripas corazón, intenté ver más allá de su coraje; al fin y al cabo, todo depende de dónde te pones y cómo miras las cosas.

Me puse a reflexionar: si él hubiese nacido aquí, ¿qué mentalidad tendría?, en cambio, siendo inmigrante, su compromiso tenía que ser mucho más fuerte, y su labor sería mucho más grande. Aplicó a las mejores universidades de los Estados Unidos; yo no podía decirle que no; no podía mermar esa ilusión que yo misma le había sembrado desde niño.

Muchas universidades lo aceptaron; incluso recibió una carta de Harvard para que la considerara como una opción. Por supuesto que para mí hubiese sido motivo de orgullo y hasta de vanidad decir: mi hijo va a Harvard; pero él dijo: Harvard no.

Saber si estás tomando tus decisiones en base a tu ego, o si realmente estás optando por lo que desea tu alma, es el secreto de la felicidad. Mi hijo escogió un colegio tres veces más caro que la Universidad Estatal de Arizona, y número 12 en una lista de más de 500. Hizo su aplicación temprana y ¡sorpresa!, fue aceptado. Sin embargo, le dieron una fecha límite para entregar los documentos; sólo faltaba la declaración de impuestos de su padre. Ese ha sido el reto más grande de mi existencia; ni la fractura de mi pierna que sufrí cuando niña, ni el embarazo de alto riesgo, la cesárea; ni el haber dejado mi país y llegar aquí con lo que traía puesto; ni la pérdida de mi hermana; ni mi divorcio, nada de eso se puede comparar con el dolor de tener que decirle a mi hijo: ¡no más!

Fue un tormento; cuando mi hijo le pidió esos documentos a su papá, él sólo le respondió: no tengo dinero; hazle como quieras. Fui a hablar con él; me dijo que simplemente no tenía dinero, y comenzó a echarme en cara la manutención que nos venía dando desde que nos divorciamos. Yo le respondí: o sea que, ¿tú no tienes dinero para hacer algo que es tu obligación?, porque esto es tu obligación como contribuyente y como padre, y no un favor para mí o para tu hijo; de hecho, es él, quien te está haciendo un favor a ti.

Tú hijo no te está pidiendo que le pagues la universidad; simplemente que honres tu responsabilidad cumpliendo con el único requisito que él necesita, porque todos los demás ya los tiene. Él ya hizo lo que estaba en sus manos, y para eso no te pidió ni permiso ni ayuda. Me contestó: pero, ¿cuál es el problema?, si no se puede este año, pues que lo haga el año que viene.

El mundo se me derrumbó; yo sabía lo difícil que era dejar la escuela por un tiempo y luego retomar los estudios. Mi hijo había presentado una aplicación temprana y fue aceptado; si no se inscribía, iba a empañar su récord, y sería más difícil que otras universidades lo aceptaran.

Recuerdo que cuando me divorcié; había enojo, frustración, un duelo que vivir; cuando murió mi hermana, había una tristeza que procesar. En cambio, ¡esto era tan absurdo! Me quedé como la Mona Lisa: sin llanto y sin sonrisa. Esto superaba cualquier dolor que haya tenido en mi vida; no hay manera de describir lo que siente una madre al ver a su hijo sufrir.

¿Qué hacer?, ¿a quién recurrir? Empecé a moverme como loca buscando organizaciones que pudieran becar a mi hijo sin que nos exigieran la declaración de impuestos, y al mismo tiempo, yo misma me puse al día con los míos. Mientras había estado casada, el papá de mi hijo se encargaba de todos esos trámites, pero logré ponerme al corriente, no sólo con el año que mi hijo necesitaba, sino con todo.

Por mi parte, ya todo estaba en regla; en cuanto a lo demás, me rendí y solté lo que yo no podía resolver. En ese momento pensé: Dios, estoy completamente en tus manos; ayúdame, porque yo no sé qué hacer.

Carta a mi hijo

Capítulo 12: Dios no se queda con nada

Llegó mi cumpleaños, y por casualidad me encontré con una vieja amiga; nos tomamos un café y al despedirse ella me dijo:

—Minerva, no voy a tener tiempo de comprarte un regalo, así que toma esto, me dio 40 dólares y yo retrocedí…

—¡No!, ¿cómo crees?

—No me los rechaces, acéptalos por favor. Compra algo para ti como si hubiese sido yo; algo que te haga feliz; y me los puso en las manos.

Ella se fue y yo me quedé ahí, pensando en qué podía comprarme; quería que fuera algo que significara mucho y que perdurara, para algún día decirle: este fue tu regalo. Comencé a caminar y llegué a una librería; deambulando en el área de libros en español, como por arte de magia me encontré con uno que atrapó mi atención: hablaba sobre Ángeles. Ese fue mi regalo, y cada día me convenzo más de que no pude haber hecho una mejor elección.

En medio del caos, comencé a leerlo, y cuál es mi sorpresa cuando en uno de los capítulos vi que mencionaban a la Virgen de Guadalupe; inmediatamente me trasladé a mi adolescencia, cuando por 3 años consecutivos, todos los 11 de diciembre, me fui en peregrinación desde la casa de mi mamá hasta la basílica de Guadalupe. Muchas veces me preguntaron si había pedido algún milagro, o si estaba pagando alguna manda, pero yo les respondía: no, no voy ni a pedir nada ni a pagar nada; voy por el simple hecho de agradecer lo que tengo, lo que soy, lo que me han dado y lo que no.

Dios dice: en donde dos o más se unan en mi nombre, allí estaré yo. Me emocionaba ver a toda esa gente vibrando en la misma frecuencia, y yo quería ser parte de eso. Durante 3 años consecutivos, decidí dedicarle una noche a mis creencias; recuerdo que pensé: si puedo pasarme una noche entera bailando, pasarme una noche caminando a la basílica de Guadalupe, no es ningún sacrificio. Voy porque su cumpleaños es el 12 de diciembre y yo me hago presente.

Al leer el libro, reviví en un instante todas esas memorias y me derrumbé. Ahogada en llanto, le dije a la Virgen de Guadalupe, a Dios y a todos mis Ángeles: nunca les pedí nada; aprendí a agradecer lo que tengo, lo que me han dado, lo que no me han dado y lo que me han quitado; pero esta vez tengo que pedir su ayuda; la necesito. Mi hijo necesita, desea, tiene un compromiso que yo le inculqué, yo le dije que iba a ir a la universidad, y lo dije también ante esas personas tan importantes.

Lo que estaba en mis manos ya está hecho. ¡Ayúdenme! En ese momento decidí confiar; no sé qué pasó, pero sentí un alivio enorme y me quedé dormida. Al día siguiente, apenas abrí los ojos, pensé: ¿sabes qué?, tenemos que empezar por el principio: ni siquiera tiene su identificación vigente.

Por fin mi cerebro había comenzado a reaccionar, pues el miedo me había paralizado, no solamente era necesaria la declaración de impuestos, sino también otros trámites que, obviamente implicaban dinero, y eso no era exactamente lo que me sobraba.

Logramos reunir toda la información que la beca le estaba pidiendo y la enviamos por correo; recibimos la notificación de que en siete días ya estaría en línea y se podría revisar por internet. Yo estaba temblando; aun no salía de mi asombro al ver los milagros surgir ante mis ojos. Son de esas cosas que no podemos explicar; Dios y el universo nunca se quedan con nada: suelto aquello que ya no estaba en mis manos; lo hago con convicción, sin ego, completamente rendida, y en menos de una semana todo se estaba solucionando.

Ahora venía el sobresalto de esperar la respuesta. Yo empecé a preguntarle a mis amigas: después de que ya has introducido todos los documentos para la beca, ¿cuánto tiempo pasa para que te den la respuesta?, pero ellas me dijeron: ahora sólo debes esperar a que te llegue la carta. De nuevo, algo más que estaba fuera de mis manos.

Recordé las palabras que escuché alguna vez: renuncia a lo único que no tienes: el control. De nuevo, me rendí: sólo podía esperar, hasta que por fin el día soñado llegó. ¡Mamá, me dieron la beca! Muchos me han preguntado qué sentí; la respuesta es muy simple: sentí alivio; finalmente logramos lo que un día le prometí.

Cuando se ha sufrido en la vida, nada te afecta demasiado; te topas con tu propia realidad, vives los duelos y los procesas; pero ver el dolor de un hijo, ver su desesperación, tener que sostenerle la mirada cuando ya no tienes más que dar, es otra cosa.

El dolor de un hijo es indescriptible; te afecta más que cualquier cosa que como ser humano puedas resistir. Mi hijo estuvo herido, lastimado, lo tengo que reconocer; en ese proceso él sufrió mucho, sintió que no iba a entrar a la universidad, que todo el esfuerzo se había perdido, y vio su vida echarse a perder; estamos hablando de un adolescente, alguien con un mar de emociones dentro de él, enfrentando semejante situación.

Muchos niños renuncian a sus sueños por las mismas razones: no se atreven a reclamar nada a sus padres, no se atreven a exigir. Yo pregunto: ¿por qué?, si el ingreso a la universidad de tus sueños está en juego porque tu papá no hizo su declaración de impuestos, ¿por qué no puedes exigírselo?

En algún momento de su proceso, mi hijo canalizó su coraje hacia mí; por supuesto que me dolió su reacción, y ese, tal vez hubiera sido, un motivo perfecto para declararme víctima: yo, la mujer, la mamá soltera, la engañada, la dejada, la olvidada, la menospreciada. Hubiera sido la salida más fácil; sin embargo, intenté mirar más allá de lo evidente, y no pude menos que sentirme orgullosa de su persistencia y anhelo de superación.

Reconocer nuestra cuota de responsabilidad en cualquier situación es parte fundamental para el crecimiento, tanto nuestro como de nuestros hijos. Los problemas no pararon allí: ahora debíamos enfocarnos en los ahorros para la graduación. Los niños ven a sus madres batallando para ese día; todo te lo venden: el diploma, la fotografía, el traje, la cena; ¡todo es dinero!

Muchos renuncian en este punto, porque piensan: ¿cómo le voy a pedir esto a mi mamá? Algunas madres se cansan antes de tiempo y dicen: yo no puedo darle esto a mi hijo; él debe entender. No están viendo más allá, no están comprendiendo lo que está pasando en la vida de sus hijos, en su futuro, y ahí tiran la toalla.

Empezamos a prepararnos: un gasto a la vez. Por otra parte, yo estaba muy preocupada por la relación entre mi hijo y su papá; acababa de perder a mi hermana y tenía todo eso a flor de piel: para mí era fundamental conciliar esa situación, era importante no dejar ese vacío.

En una de las conversaciones que tuve con mi ex esposo, le dije: ¿hasta cuándo vas a permitir que tu hijo esté enojado contigo? Si el día de mañana tú ya no estás, él se quedará toda la vida enojado, reprochándote. Si, por el contrario, es tu hijo el que algún día ya no esté, te vas a quedar con remordimiento de que no hiciste todo lo que pudiste para demostrarle cuánto lo amabas, ¿te vas a quedar con eso?, no podemos dejar vacíos en la historia de nuestros hijos; tenemos que reconciliarnos.

Dejen de pelearse, dejen de traerme a mí en medio de ustedes dos; no es justo para mí, no me lo merezco ni lo aguanto, quítate esa carga y reconcíliate con él.

Él me había comprado mi primer carro cuando mi hijo era aún chiquito; al ver el auto nuevo, el niño le dijo a su papá:

—Yo también quiero uno.

—Claro que sí, cuando seas grande.

—Pero cómpralo ahorita

—¿Por qué ahorita?

—Porque para cuando yo sea grande se van a acabar; cómpramelo ahorita y yo lo uso cuando sea grande.

Esa era su lógica de niño de 5 años, pero resurgió en la adolescencia. Su papá le prometió comprarle un carro, y ¿qué crees?, pues el momento llegó: ya era grande.

Una vez más, ten cuidado con lo que dices y cumple lo que prometes. Mi hijo comenzó de nuevo con la historia de su carro, tal vez lo usó como una especie de chantaje emocional hacia su padre, algo como "ahora me compensas con un carro todo esto que me has hecho pasar". De hecho, no estaba esperando cualquier carro, sino un buen carro. Su papá le dijo: sí, te lo voy a comprar, pero no ahora; y será para el que me alcance, no el que me estas pidiendo.

Aquí se inició otra batalla entre ellos; empiezan otra vez en dimes y diretes y me veo ante otro reto. Un día, justo cuando voy dejando a mi hijo en la escuela, al bajarse del carro me dijo: no los quiero en mi graduación y cerró la puerta. Mi único pensamiento fue: ¿y yo qué culpa tengo?;

solté el llanto, y me fui a buscar a su papá y le dije: necesito hablar contigo. No le reproché nada, ni fui con intención de culparlo; sólo le dije: me ha dolido mucho lo que acaba de decirme. El problema no es que yo vaya o no a la graduación; el problema es lo que él está pensando de mí. Empecé a llorar, y ya cuando me desahogué, él sólo me dijo: has sido una excelente madre; tú no tienes la culpa.

Una vez más, sentía que todo se derrumbaba frente a mis ojos, pero como siempre, yo sabía que era mejor accionar que reaccionar, y comencé a pedir sabiduría para poder sacar el mejor aprendizaje posible de esa situación. Me cansé de llorar, se acabó el día y ya tenía que ir por mi hijo a la escuela. Pude habérmele ido encima y decirle: eres un mal agradecido, por tu culpa renuncié a tantas cosas, por tu culpa… ¡¿qué sé yo?!, pero no le dije absolutamente nada.

Al llegar a casa, mientras me estacionaba, él me hizo su pregunta de todos los días desde que era niño: ¿qué hiciste de comer?, en ese instante accioné y le respondí: nada.

Nos bajamos del carro, entramos a la casa y me fui directamente a la cocina, pues tenía el compromiso de hacer un pastel para una reunión, pero él venía detrás de mí, así que me volteé y le dije con tranquilidad: a partir de hoy, no volveré a hacerte de comer. Te voy a seguir llevando a la escuela porque ya estas a punto de terminar, pero si estuvieses en otro punto de esta historia, a partir de mañana te irías en el autobús. No lo voy a hacer porque voy a terminar con lo que a mí me corresponde y porque falta poco, pero a partir de hoy tú te cocinas. Te voy a dar la oportunidad de usar lo que encuentres en mi cocina, no vas a tener que ir a comprar tu propia comida por ahora, puedes usar lo que encuentres, pero me dejas la cocina limpia por favor; así como la encuentres, así me la dejas.

A partir de hoy vamos a funcionar así, y en unos meses te vas; así que hasta aquí llegamos. Mi compromiso está cumplido, mi trabajo está hecho, y el tuyo también. Así se lo solté: sin llorar, sin reclamarle, sin victimizarme; él simplemente tomó sus cosas y subió a su cuarto, sin soltar palabra, y yo comencé con los preparativos del pastel.

Ya había llorado, ya estaba seca, o al menos eso creí. Una media hora después, sentí que me tocaba el hombro; me volteé y ahí estaba. Me dijo:

—¿Te enojaste porque te dije que no fueran a la graduación?

—Enojada no estoy, pero sí me dolió, y no tienes idea de cuánto.

Entonces él hizo lo que pocos seres humanos nos atrevemos a hacer:

—Perdóname —me dijo—, es que estoy muy enojado con mi papá, pero no contigo.

Eso me dio más ganas de llorar, mientras él continuaba: tú te has dedicado a mí en cuerpo y alma; mi papá en cambio nunca tuvo tiempo para mí; nunca jugó conmigo, siempre estuvo ausente; quiero que estés conmigo el día de mi graduación, pero a él no lo quiero ver ahí.

Era otra oportunidad de oro que hubiera aprovechado para ponerme por encima de su papá; tenía todo para hacerme la víctima y el mundo me la compra, pero yo decidí aprovechar el momento para sanar vacíos, y le respondí:

—Tu papá tiene derecho a estar ahí. El hecho de que no haya estado contigo a tiempo completo como esperabas, se debió a que él se dedicó a trabajar para cumplir como proveedor. No lo estoy justificando, pues esa era su responsabilidad y yo sé que ser padre es mucho más que eso; sin embargo, gracias a que él cumplió su labor, yo pude ser mamá de tiempo completo. Él tiene derecho a estar ahí; no se va a ir con nosotros, él va a llegar allá en su carro y es muy probable que entre todo el alboroto tú no lo veas, así que no te preocupes por eso. Pero, hijo; él va a estar ahí.

Entonces me respondió:

—Ok

—Yo continué—, ni tu papá ni yo tuvimos una educación académica; no teníamos una carrera, no teníamos mucho qué ofrecerte. Llegamos a este país sin documentos, sin conocer el idioma y sin tener nada más que lo que traíamos puesto; todo eso te daba una proyección de vida muy poco alentadora, pudimos haberte dicho: confórmate con que termines la High School y con encontrar un buen trabajo algún día.

Tal vez esa era la proyección que tú traías, la proyección que tu padre y yo traíamos: la de trabajar 8 horas diarias, la de tener 2 trabajos para poder sacar nuestra vida adelante en este país, como es la historia de tantos. Sin embargo, la vida nos dio la oportunidad de poner un negocio propio y haberte dado una vida distinta; no de lujo, pero distinta.

Él reconoció mis palabras y lloramos juntos en esa plática, pues le hice ver todo lo que como familia habíamos logrado (debo mencionar que hoy en día, padre e hijo tienen una relación sana).

No luches por el respeto de tus hijos, porque eso lo puedes obtener a punta de golpes, con la "chancla" o el "cinturón"; más bien, que tu afán como padre sea ganarte su amor y admiración.

Antes de juzgar a mis papás o sentir enojo contra ellos, yo me puse a ver de dónde habían venido: mis padres vienen de un pueblito muy chiquito del estado de Oaxaca en México; ellos no fueron a la escuela; a lo mucho, lograron hacer uno o dos años de educación básica y apenas sabían leer y escribir. Luego se fueron a la ciudad de México, donde nacimos mis hermanas y yo, y en nuestros inicios pudimos estudiar en escuelas privadas. Comparada con la vida de mis padres, la mía había sido 100 % mejor; ¿con qué cara le iba a dar a mi hijo menos que eso?

Yo quería darle a mi hijo una vida mejor que la mía, porque eso fue lo que hicieron mis padres conmigo. Yo no tuve que nacer en un pueblito donde no hay electricidad, ni carreteras, donde no pasa nada; yo nací en la ciudad, fui a la escuela, y aunque sólo terminé la secundaria en México, tuve muchísima más educación que mis padres.

Yo estaba decidida a darle un futuro mejor a mi hijo desde el punto de vista de mi historia personal, y en ese momento se lo expliqué: desde antes que tú nacieras, yo me propuse darte una vida mejor. Si miras tu vida, toda tu niñez, toda tu escuela, el estar en este país, el hablar dos idiomas, el saber karate, el saber nadar; si miras las vacaciones que hemos tenido año tras año, si miras tu niñez y la comparas con la mía, es totalmente diferente.

Hijo, yo jamás me permití ni siquiera soñar con conocer Disneylandia; yo recuerdo de niña haber visto los comerciales por televisión, y ni siquiera me atrevía a decir: ¿cuándo iré? En cambio, hemos pasado las mejores vacaciones de tu vida en todos los parques de Disney, toda una semana, de domingo a domingo, todo pagado, vacaciones VIP.

Tu proyección de vida es muy distinta a la mía; ahora tú tienes el mundo en tus manos. Me siento tan, tan, tan orgullosa de ti, porque a pesar de todo, no te has rendido; a pesar de todo, mantuviste excelentes calificaciones; a pesar de todo, estás decidido a seguir estudiando. El que hayas venido ahorita a pedirme perdón no habla de lo que yo soy como mamá, sino del gran ser humano que tú eres.

En mi vida había llorado tanto; en mi vida había recibido un abrazo como el que nos dimos en ese momento mi hijo y yo. Siempre tuve una relación excelente con mi hijo, y por nada del mundo estaba dispuesta a dejar vacíos en su vida; mi deseo ha sido que el día que uno de los dos falte, el otro pueda sentirse en paz y tranquilidad.

Espero que para eso pasen muchos años, pero tengo que estar consciente desde ahora. No sé cuánto tiempo va a pasar, pero cuando el día llegue, mi deseo es que estemos completamente reconciliados. Ya vimos que no necesariamente son los padres quienes se van primero; muchas mamás deben pasar por el dolor de despedir a un hijo. No se trata de vivir con miedo, sino de estar todo el tiempo reconciliados con nuestros seres queridos para tener paz y no quedarnos con el dolor.

No sé si es casualidad, pero este libro ha sido hecho en cuarentena por un virus que está afectando al planeta entero. En estos días, establecí con un grupo de amigos un nuevo reto: mantenernos 28 días en un estado positivo de agradecimiento con lo que está sucediendo, porque ser agradecidos cuando todo está bien es muy fácil; lo difícil es mantenerse agradecidos y no lastimar en momentos de dolor. Ese es el verdadero crecimiento, es realmente cuando demuestras de qué estás hecho.

Por favor, busquen la reconciliación con sus seres queridos; no dejen vacíos, no sabemos si hoy es el último adiós. A diario nos enteramos de personas que se están yendo, que están muriendo; ponte a pensar si esa persona con la que hoy te enojaste, mañana ya no está. Es verdad que a veces, las personas nos causan dolor con sus acciones; incluso nosotros podemos, sin intención, lastimar a alguien más.

Como padres, muchas veces lastimamos a nuestros hijos en nuestro afán por hacer de ellos lo mejor; mi consejo es: si eso ha pasado, reconcíliate a tiempo; tú no sabes si los que están a tu alrededor van a faltar mañana. Recuerda que antes de ser padre o madre fuiste hijo; reconcíliate con tu pasado para que no repitas el patrón con tus hijos. Reconcíliate con la vida, con Dios, con tus seres queridos; no esperes a que se vayan para pensar en cuánto daño causaste o te causaron, no te lo permitas.

Este es un tiempo para reflexionar y hacer las paces con la vida, con el mundo, con tu niñez, con tu pasado, con tu futuro y con todas las personas que te rodean. Vamos quitándole dolor al planeta; aquí ya no hace falta más sufrimiento, ya no hacen falta más víctimas; sólo se necesita lo mejor de cada uno de nosotros. Vamos a reconciliarnos y hacer de este un mundo mejor. Sé que ser madre no es fácil; los hijos no traen instructivo ni póliza de garantía, pero, aun así, tomaste la decisión de dejarlos nacer.

Hoy, las horas y el cansancio parecen interminables (conozco ese sentir); sin embargo, debes recordar que cada instante a su lado, cada instante de sus vidas, es sagrado. Pasas el tiempo quejándote de tus hijos, y al mismo tiempo te aterra la idea de que algo malo les pudiera pasar; terrible paradoja, ¿no?

Consciente o inconscientemente, este comportamiento genera un mensaje: "quiero deshacerme de mis hijos así sea por un instante", y es tan poderosa esa energía que en algún momento alcanza a alguien: en alguna parte del mundo un niño es arrancado de los brazos de su madre; en alguna parte del mundo un niño está muriendo. Por esto, te pido: quítate esos pensamientos, aunque sea por un instante; el mundo no los necesita.

No te excuses con el famoso: "sí, pero no", seguido de mil justificaciones a tus quejas, mientras niegas las consecuencias negativas que pueden generar. No pierdas el tiempo peleando con tus hijos; tampoco los eches a perder, ni les eches a perder la vida dándoles todo, para evitar hablar frente a frente con ellos, o para justificar el tiempo que no les das.

En ocasiones reprendes, castigas u ofendes a tus hijos con la excusa de que "es para que entiendan". Déjame decirte algo: no, no entienden, los confundes. ¿Cómo se explican que el ser que les dio la vida los lastime, sólo para que aprendan una lección? A partir de hoy, ama; ámalos, aprende a amar.

Hoy existen escuelas para padres; amemos a nuestros hijos para que ellos aprendan a amar a sus hijos.

¡Puntos para tomar en cuenta!

✔Nadie viene a este mundo a cubrir expectativas y mucho menos carencias de otros; deja de pensar que sabes mejor que tu hijo, lo que es mejor para él.

✔Si no aprendes a amar a tu niña interior, lastimarás a tus hijos sin pensar, y peor aún, sin querer, pues todo lo que hagas será un reflejo de tu dolor.

✔Reconoce la personalidad de tu hijo y aprende a interpretar su lenguaje de amor; eso te ayudará a saber cómo tratarlo, guiarlo y corregirlo si es necesario, pero sin lastimarlo.

En relación a este punto quisiera recomendarte el libro de Gary Chapman titulado "Los cinco lenguajes del Amor".

✔Castigar a tu hijo no es lastimarlo; castígalo con algo que al final lo beneficie, pero que en el momento no le guste hacer. Un ejemplo: quitarle su mesada y agregarlo a su cuenta de ahorro.

¿Cuántas veces has castigado a tu hijo poniéndolo a leer un libro? y, sobre todo, ¿un libro que ya tú leíste? Esto podría ser otra forma de corregirlo de una manera que no lo lastime y que lo edifique como ser humano.

✓Reconócele sus fracasos; en ellos verá su humilde condición humana. Demuéstrale que no son errores, sino formas de aprender, pues aquello en lo que supuestamente ha fracasado, no lo define como ser humano.

Es el mejor momento para mostrarle que lo amas por lo que es y no por lo que hace, por lo que logra o por lo que se convertirá. Así aprenderá a manejar la frustración y esto le ayudará a lo largo de su vida, pues todos sabemos que no siempre se gana.

✓Aprender sobre inteligencia emocional te ayudará a manejar los berrinches de tu hijo mientras sea chiquito, y también a guiarlo en el conflicto de emociones cuando entre en la adolescencia.

✓Aprende sobre mapas mentales y técnicas de anclaje; eso te ayudará a apoyar a tu hijo en sus tareas y a relacionar lo académico a la vida cotidiana.

✓No te enfades con ellos por aquello que tú no entiendes. Tu generación no es igual a la de ellos; quien tiene que comprender y adaptarse a las circunstancias que estés viviendo con él, eres tú, porque tú eres el adulto, tú eres el que tiene la capacidad de razonar; los niños aún no.

✓Sé feliz. Ser feliz es la misión tanto tuya como de ellos, y el ser congruente te ayudará a conducirlos a este fin.

Cuando eres feliz lo emanas, se te nota y ellos lo perciben; nuestros hijos se alimentan de nuestras ganas de vivir, no de nuestros sacrificios, y por eso, estos nunca son valorados.

La felicidad surge de reconocer el amor infinito que ya hay dentro de ti, y este es tan fuerte que tus hijos lo perciben como un campo de energía inmenso e infinito.

✓Ama sin apegos; el amor no lastima, no deja heridas, no deja vacíos existenciales.

Ama a tus hijos hasta llegar al Ágape. El amor no genera deudas morales; el amor no exige respeto. El amor es lo único que sólo se paga con más amor.

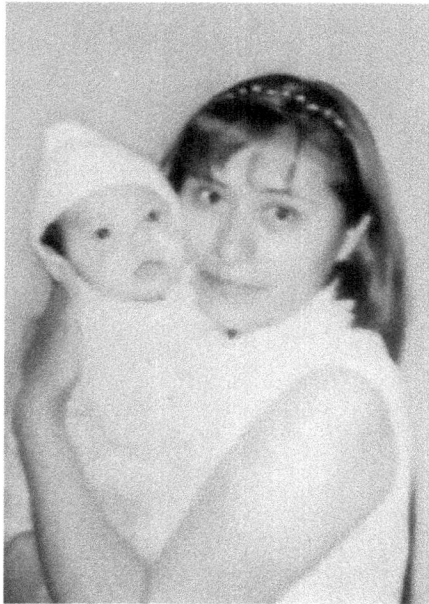

(Al tomar esta foto yo contaba con 23 años de edad)

Carta a mi hijo

Hijo mío

Amor mío, pedacito de mí.

Te amo como eres, por el hecho de existir. Tú ya eres alguien importante en la vida y en mi vida.

Te amo, así tal cual eres, sin explicación, ya que el amor no se define, se vibra y es así como lo podemos percibir.

Te amo sin expectativas sobre lo que eres, hagas, tengas o logres, porque nada de esto puede determinar y mucho menos CONDICIONAR el amor que siento por ti.

Te amo y nunca nada hará que me decepciones, porque donde no hay expectativas, no existe la decepción.

COMO ERES, ¡YA ERES PERFECTO!

Te amo, y el amor de mamá te acompaña y te cubre eternamente.

Acerca de la Autora

Minerva López Ramírez, empresaria mexicana con residencia en Arizona, Estados Unidos.

Comprometida con la salud integral de todos los seres humanos y con la conservación del planeta, ha querido perpetuar en este libro el amor incondicional que siente por su hijo, inspirando a otros padres a amar de una manera diferente y sana, y así disminuir las marcas de dolor en las personas adultas.

Determinada, valiente y tenaz, sabe disfrutar de la vida en libertad.

Agradecimientos

Gracias, gracias, gracias; a Dios, por regalarme el don de la vida; por otorgarme el libre albedrío; por permitirme ser madre.

A mis padres, porque mucho antes de ser madre, soy hija.

A mis hermanas menores, junto con mi agradecimiento les pido una disculpa: con ustedes tuve la maravillosa oportunidad de practicar ser madre, y la enorme torpeza de no saber cómo hacerlo. Hoy quiero que sepan que, en su momento, les di todo lo que pude, lo que mi fuerza y valor me permitieron; eso me dio la fortaleza necesaria para partir un día sin mirar atrás, sabiendo que, de mi parte, no dejé vacíos entre nosotras, pero ustedes eran muy pequeñas para verlo. Les pido perdón por ese sentir de abandono; era necesario para poder vivir mi propia historia.

A ti hijo, por escogerme como tu madre, por ser mi mayor maestro; gracias por existir.

A ti lector, por coincidir conmigo en esta vida; a ti que escuchas o lees lo que tú alma ya sabe.

A todos y a todo, gracias…

Enlaces de contacto

Minerva Lopez

Xsiempremini@gmail.com

https://www.facebook.com/Xsiempre40?mibextid=LQQ
J4d